A fome

Crise ou escândalo?

Moderna

A fome

Crise ou escândalo?

Melhem Adas
Formado em Geografia pela
Pontifícia Universidade Católica de São Paulo.
Autor de livros didáticos de Geografia para o
ensino fundamental e ensino médio.

2ª edição

Edição reformulada

De acordo com as novas normas ortográficas

41ª IMPRESSÃO

Moderna

1ª edição 1988

Moderna

COORDENAÇÃO EDITORIAL José Carlos de Castro
EDIÇÃO DE TEXTO Ademir Garcia Telles
PREPARAÇÃO DE TEXTO Débora Lima
COORDENAÇÃO DE PRODUÇÃO GRÁFICA Fernando Dalto Degan
COORDENAÇÃO DE REVISÃO Estevam Vieira Lédo Jr.
REVISÃO Márcio Della Rosa
EDIÇÃO DE ARTE, PROJETO GRÁFICO E CAPA Ricardo Postacchini
FOTO CAPA Lixão de São Gonçalo © Tasso Marcelo/AE
COORDENAÇÃO DE PESQUISA ICONOGRÁFICA Ana Lucia Soares
PESQUISA ICONOGRÁFICA Denise Duran Kremer
As imagens identificadas com a sigla CID foram fornecidas pelo Centro de Informação e Documentação da Editora Moderna.
CARTOGRAFIA Alessandro Passos da Costa, Aline Pellissari Antonini Ruiz, Rodrigo Carraro Moutinho
DIAGRAMAÇÃO Ricardo Yorio
COORDENAÇÃO E TRATAMENTO DE IMAGENS Américo Jesus
TRATAMENTO DE IMAGENS Rubens M. Rodrigues
SAÍDA DE FILMES Helio P. de Souza Filho, Marcio Hideyuki Kamoto
COORDENAÇÃO DE PRODUÇÃO INDUSTRIAL Wilson Aparecido Troque

IMPRESSÃO E ACABAMENTO Lis Gráfica e Editora

Dados Internacionais de Catalogação na Publicação (CIP)
(Câmara Brasileira do Livro, SP, Brasil)

Mulhem Adas 1988- .
A fome crise ou escândalo? / Melhem Adas. —
2. ed. reform. — São Paulo : Moderna, 2004. —
(Coleção polêmica)

Suplementado pelo manual do professor.
Bibliografia.

1. Política 2. Ciência — História I. Título.
II. Série.

03-6866 CDD-509

Índices para catálogo sistemático:
1. Ciência : História 509

ISBN 85-16-03947-1

EDITORA MODERNA LTDA.
Rua Padre Adelino, 758 - Belenzinho
São Paulo - SP - Brasil - CEP 03303-904
Vendas e Atendimento: Tel. (0_ _11) 2790-1500
Fax (0_ _11) 2790-1501
www.moderna.com.br
2012

Impresso no Brasil

1 3 5 7 9 10 8 6 4 2

Aos meus netos Tatiana, Natália, Arthur, Victória, Beatriz, Ana Clara e Samuel, sempre com a esperança de um mundo mais justo e solidário.

E ao Brasil Salomão, companheiro de ideais e que me presenteou com a sua amizade.

Às professoras Maria Cristina Pina e Sarita de Moura e a o médico Paulo Ramos, os meus agradecimentos pela valiosa colaboração quanto às leituras e sugestões para a elaboração deste livro.

À equipe da Editora Moderna, representada por José Carlos de Castro, o meu agradecimento pelo empenho na editoração deste livro.

Sumário

Introdução

Onze milhões de crianças de menos de 5 anos morrem anualmente, e temos um total de mais de 800 milhões de esfomeados. Esse ritmo de mortalidade de crianças é dez vezes superior ao do genocídio de judeus durante a Segunda Guerra Mundial.*

A existência da fome no mundo contemporâneo é uma vergonha para a humanidade. É um flagelo, um grande genocídio. Violenta, mutila e aniquila milhões de homens, mulheres e crianças em todo o mundo, principalmente nos países subdesenvolvidos.

Segundo a FAO (Organização das Nações Unidas para Agricultura e Alimentação), mais de 800 milhões de pessoas vão dormir todas as noites sem ter ingerido alimentos em quantidade e qualidade suficientes para manter a saúde de seu organismo. Desse total, 200 milhões são crianças e 11 milhões delas morrem anualmente com menos de 5 anos, de fome ou de doenças dela decorrentes.

A maioria dessas crianças poderia ser salva se elas tivessem as condições mínimas de alimentação e os cuidados médicos e sanitários básicos existentes nos países desenvolvidos. Desgraçadamente, no entanto, elas fazem parte do contingente silencioso e desprotegido. Pertencem a um mundo que não respeita os direitos da infância, aliás, que não respeita os direitos que todo ser humano tem de viver condignamente.

* Ladislau Dawbor em Minayo, Maria Cecília de Souza (org.) *Raízes da fome*. Petrópolis, Vozes/Ibase, 1985, p. 79-80 (com atualização dos dados pelo autor deste livro).

Apesar do extraordinário desenvolvimento científico e tecnológico, a civilização contemporânea não superou o drama da fome, constituindo, portanto, entre outros, um verdadeiro paradoxo ou contradição do nosso tempo. Ao contrário, as condições de vida de muitos países subdesenvolvidos se deterioraram nos últimos anos. Há um grande contingente de miseráveis e despossuídos. Milhões de seres humanos vivem em estado de pobreza absoluta, pois a sua renda é tão baixa que ficam impedidos de ter uma alimentação diária satisfatória, condenados, portanto, a uma crônica desnutrição. No Brasil, por exemplo, cerca de um terço das famílias possui um rendimento que não ultrapassa dois salários mínimos (13,1% com até um salário mínimo e 19,20% entre um e dois). Vivem, portanto, em condição de indigência e pobreza, num país que "orgulhosamente" se coloca entre os doze de maior PIB (Produto Interno Bruto) do mundo.

A expectativa de vida em muitos países subdesenvolvidos é bastante baixa, cerca de 45 anos, constituindo uma séria violação do direito que todo ser humano tem de viver o maior tempo de vida possível.

Diante dessa realidade brutal, cabe então perguntar: como se pode permitir tal vergonha, tal situação deplorável e injusta? Como se pode aceitar que a opulência e o desperdício exagerado de alguns coexistam com a miséria e a escassez de outros? Sem falar que tudo isso ocorre num mundo onde somente a produção de grãos já bastaria para assegurar à população mundial mais de 2 000 calorias e os 65 gramas de proteínas de que cada pessoa necessita diariamente.

O propósito deste livro é contribuir para a discussão dessa vergonhosa, escandalosa e injusta situação. Dizemos assim, porque se sabe que a fome é uma criação humana. Não resulta de condições naturais adversas. Tampouco é consequência do crescimento populacional dos países subdesenvolvidos, pois no mundo desenvolvido parcelas de sua população também conhecem esse flagelo. E muito menos do fato amplamente difundido de que "o pobre não sabe alimentar-se". Essas ideias são bastante divulgadas e largamente utilizadas para mascarar as reais causas da fome.

A fome não é somente um grande problema biológico, é fundamentalmente um sério problema político, econômico e social. É, na verdade, a expressão biológica de uma doença social, como destacou o cientista social Josué de Castro. É fruto de uma distribuição injusta e desigual da repartição da riqueza, do difícil acesso à terra e muitas outras questões que são abordadas neste livro.

Esperamos com este trabalho contribuir para o desocultamento da realidade que envolve a questão e tornar o tema da fome mais conhecido e debatido. Uma vez alcançados esses propósitos, cabe a todos nós combater e erradicar esse flagelo.

Parte 1

Fome e crescimento populacional

1. A fome: o que é e suas consequências

É PRECISO QUE O NOSSO SANGUE SE INFLAME
E QUE NOS INCENDIEMOS
PARA QUE OS ESPECTADORES SE COMOVAM
E O MUNDO ABRA ENFIM OS OLHOS
NÃO SOBRE NOSSOS DESPOJOS
MAS SOBRE AS CHAGAS DOS SOBREVIVENTES.[1]

Fome, desnutrição e insegurança alimentar: conceitos

Todos nós conhecemos a fome, principalmente aquela derivada da sensação de "vazio no estômago". Ou ainda, como o conjunto de sensações provocadas pela privação de nutrientes que impelem o ser humano e outros animais a procurar os alimentos e que cessam com a ingestão destes.

Entretanto, a fome de que se trata neste livro significa a situação em que uma pessoa ou uma população sofre, de forma duradoura, de insuficiência de alimentação em quantidade e/ou qualidade que lhe for-

[1] Kateb Yacine, citado no artigo de Agarwal, Anil. Fome, população, ambiente. *Correio da Unesco*, out./nov. 1982, ano 10, n. 10 e 11. p. 25.

neçam as calorias (energia) e os elementos nutritivos necessários à vida e à saúde do seu organismo.

A expressão *fome* nesse sentido passou a ser mais utilizada, a partir dos estudos de Josué de Castro[2], nos anos de 1940. Seus trabalhos levantaram questões sociais, políticas e econômicas que envolvem a problemática da fome e a sua existência em escala planetária. Até então, os estudos da desnutrição e subnutrição estavam circunscritos à área médica.

Ao utilizar a expressão *fome* para referir-se a essa situação vergonhosa e escandalosa que aflige multidões em todo o mundo, Josué de Castro foi criticado e censurado por aqueles que desejavam que se falasse em desnutrição e subalimentação e não em fome. Achavam o termo muito forte, contundente, incômodo ou, pelo menos, pouco aconselhável de ser tratado publicamente. Afinal, os estudos de Josué de Castro eram uma firme denúncia às injustiças criadas pelo sistema capitalista em seus cinco séculos de existência. Sistema que ainda continua a privar multidões em todo o mundo do direito mais fundamental que é o de alimentar-se adequadamente.

Nos anos de 1970, a expressão *segurança alimentar*, que esporadicamente era utilizada desde os anos de 1950, consolidou-se amplamente nos estudos e referências às populações que sofrem de insuficiência alimentar. Essa expressão nasceu, originalmente, na Europa, durante a Primeira Guerra Mundial (1914-1918). Entretanto, a sua noção estava estreitamente relacionada à questão de segurança nacional, ou seja, à necessidade de os países serem capazes de produzir os seus próprios ali-

[2] De modo geral, as últimas gerações de brasileiros não ouviram falar de Josué de Castro. Médico, sociólogo, geógrafo, nasceu em Pernambuco em 1908. Desde cedo, teve suas preocupações voltadas para a questão da fome no Brasil e no mundo. Em 1946, publicou *Geografia da fome*, livro que foi um marco importante no estudo e no desnudamento dessa triste realidade. Após esse, vieram muitos outros, como *Geopolítica da fome* e *O livro negro da fome*. Seus livros foram traduzidos em mais de 25 idiomas e reconhecidos como contribuições importantíssimas para o estudo das causas da fome ou de suas implicações sociais, econômicas e políticas. Foi fundador e membro de várias organizações nacionais e internacionais ligadas à questão da fome. Ocupou a presidência da FAO, de 1952 a 1956. Em 1964, quando embaixador do Brasil nos Órgãos das Nações Unidas em Genebra, teve seus direitos políticos cassados pelo regime autoritário instalado no Brasil, com o golpe de Estado desse ano. Faleceu em 1973, na França, onde se encontrava exilado, mas em plena atividade docente na Universidade de Paris.

mentos, como forma de evitar uma crise de abastecimento alimentar resultante de cercos militares ou mesmo de boicotes de ordem política. O seu conceito, portanto, não estava relacionado à desnutrição/fome existente em períodos normais, isto é, de inexistência de guerra.

Resgatada na década de 1950, mas com outro sentido, o seu conceito foi se ampliando ao longo dos anos. Segundo a Declaração de Roma sobre Segurança Alimentar Mundial[3], segurança alimentar é entendida como

> alimento disponível em todo momento, ao qual todas as pessoas têm acesso adequado em termos nutricionais (quantidade, qualidade e variedade) e aceitável em cada contexto cultural.

A noção de segurança alimentar está relacionada ao papel do Estado. Este tem o dever de implementar políticas públicas e reformas estruturais (reforma agrária, geração de empregos, distribuição de renda, incentivo à agricultura familiar etc.) que visem assegurar o direito à alimentação adequada a todas as pessoas sob sua jurisdição. Esse conceito foi abraçado por vários países e tem impelido muitos deles a elaborarem planos de ação de combate à fome, como é o caso do Brasil, com o projeto: "Fome Zero — Uma proposta de política de segurança alimentar", do governo Luis Inácio Lula da Silva, publicado em setembro de 2001, que veremos no capítulo 11.

A segurança alimentar permite que se fale, também, em *insegurança alimentar*, ou seja, uma população que não tenha acesso à quantidade, qualidade e variedade de alimentos necessários à sua alimentação e à manutenção da saúde padece de insegurança alimentar. São pessoas forçadas a viver com uma dieta inferior à necessária e que frequentemente padecem de problemas físicos e mentais.

Apesar de especialistas em nutrição diferenciarem fome e desnutrição (Leia o texto a seguir, *Fome e desnutrição*), consideraremos neste

[3] A declaração foi emitida ao final da Cúpula Mundial da Alimentação, em novembro de 1996, patrocinada pela FAO.

livro essas expressões, e mais insegurança alimentar, indistintamente, ou seja, referindo-se à situação em que pessoas, famílias ou populações possuem carências alimentares ou privações de ingestão de alimentos, seja de ordem quantitativa ou qualitativa. Entretanto, distinguiremos a seguir dois tipos de fome, tendo como critério o tipo de carência: a energética ou calórica e a de proteínas, vitaminas e sais minerais.

Fome e desnutrição

(...) Têm fome aqueles cuja alimentação diária não aporta a energia requerida para a manutenção do organismo e para o exercício das atividades ordinárias do ser humano. Sofrem de desnutrição os indivíduos cujos organismos manifestam sinais clínicos provenientes da inadequação quantitativa (energia) ou qualitativa (nutrientes) da dieta ou decorrentes de doenças que determinem o mau aproveitamento biológico dos alimentos ingeridos.

(...) Fome e desnutrição tampouco são conceitos equivalentes uma vez que, se toda fome leva obrigatoriamente à desnutrição, nem toda desnutrição se origina da deficiência energética das dietas, sobretudo na população infantil.

(Monteiro, Carlos Augusto. A dimensão da pobreza, da fome e da desnutrição no Brasil. *Estudos Avançados*, São Paulo, Instituto de Estudos Avançados da USP, v. 9, n. 24, maio/ago. 1995, p.195.)

Tipos de fome

A fome energética ou calórica é entendida como a incapacidade de a ração alimentar diária ingerida por uma pessoa fornecer as calorias equivalentes à energia gasta pelo organismo nos trabalhos realizados.

Pode-se entender esse tipo de fome da seguinte forma: os alimentos diferem entre si por uma série de características: forma, odor, paladar, cor, composição química etc. Diferem, ainda, quanto à capacidade que têm de fornecer caloria, isto é, capacidade de produção energética para o organismo. Todos os alimentos que ingerimos são transformados pelo nosso organismo em energia, e é essa energia que nos possibilita desempenhar as nossas atividades diárias. Assim, uma boa alimentação requer, entre outros fatores, que os alimentos ingeridos sejam suficientes para fornecer a energia equivalente àquela despendida pelo organismo nos trabalhos realizados.

A necessidade calórica diária varia de pessoa para pessoa e depende do peso corporal, do clima, do modo de vida, da idade, do tipo de trabalho, do sexo etc. A mulher grávida, por exemplo, consome mais energia que o normal, pois precisa criar reserva para o feto; um trabalhador braçal tem necessidade de mais energia que um trabalhador intelectual, e assim por diante.

Existem divergências quanto ao total de calorias diárias necessárias a um indivíduo. Alguns especialistas admitem 3000 calorias. Outros, argumentando que a vida moderna, devido à mecanização do trabalho e outras facilidades, exige menor dispêndio de energia, afirmam que seriam necessárias apenas 2200 calorias. No entanto, nas sociedades industrializadas é comum o consumo de 4000 calorias ou mais por dia (um verdadeiro desperdício). Enquanto o mundo industrializado tem um superconsumo, o que, por sua vez, causa problemas de saúde — a obesidade, por exemplo, com todas as suas consequências — nos países em desenvolvimento (leia o texto a seguir, *Países em desenvolvimento, subdesenvolvidos ou...?*), grandes contingentes populacionais apresentam subconsumo.

Países em desenvolvimento, subdesenvolvidos ou ...?

Logo após a Segunda Guerra Mundial (1939-1945), o mundo foi dividido em países desenvolvidos e subdesenvolvidos ou do Terceiro Mundo. Nas décadas seguintes, organismos internacionais, a mídia e meios acadêmicos introduziram outras denominações: países em desenvolvimento, países de industrialização recente ou tardia, países centrais e periféricos, países menos desenvolvidos, países de renda média alta, de renda média média, de renda média baixa, países do norte e do sul, do Terceiro Mundo etc. Nos anos de 1990, com a globalização da economia e o aprofundamento da política neoliberal em escala planetária, muitos dos "países em desenvolvimento" passaram a ser chamados de "mercados emergentes". Com essa denominação perdemos até mesmo a nossa identidade como país, Estado, nação e povo; fomos reduzidos a mercado, pois é isso que interessa ao grande capital e às corporações transnacionais. Independentemente da denominação que atribuirmos a esses países ou sociedades, é importante reconhecer que eles continuam dependentes ou subordinados econômica, financeira, política, científica e tecnologicamente aos países centrais. Possuem graves problemas sociais — baixa esperança de vida média, elevadas taxas de mortalidade infantil, precárias condições de saneamento básico, baixo nível de instrução etc. — além da fome em proporções elevadas no conjunto de suas populações.

Entretanto, devemos estar atentos também para o fato de que o termo "em desenvolvimento", largamente empregado pelos organismos internacionais, encerra em si a noção de transição. Esta, por sua vez, supõe a ideia de evolução em direção a uma condição melhor, mais avançada, o que nem sempre é verdade, obscurecendo, portanto, a realidade.

Além das calorias, a alimentação deve fornecer determinados elementos nutritivos — como proteínas, vitaminas e sais minerais — que cumpram a função de restaurar as células, os tecidos e os órgãos de todo nosso organismo. A falta prolongada de qualquer dessas substâncias na alimentação provoca distúrbios e lesões no organismo, com graves consequências à saúde. Essa é a fome denominada *parcial, específica*, ou conhecida ainda com o nome de *fome oculta*.

Nesse caso, muitas vezes, uma pessoa pode estar ingerindo diariamente uma grande quantidade de alimentos, mas que não contém os elementos nutritivos fundamentais para a manutenção da saúde. Ela pode estar ingerindo alimentos que reponham suas energias despendidas e, no entanto, pode estar carente de substâncias imprescindíveis para o bom funcionamento de todo o organismo. Em outras palavras, essa pessoa estaria mal alimentada; ela estaria ingerindo quantidade e não qualidade.

Lembramos, todavia, que essa situação ocorre também entre pessoas de classes socioeconômicas favorecidas, em decorrência de maus hábitos alimentares, ou seja, do ato de comer mal.

Em certas áreas de Minas Gerais, constatou-se, por exemplo, no passado, grande incidência endêmica de bócio (popularmente conhecido como "papo"), que é uma disfunção da tireóide. As pesquisas demonstraram que, na alimentação diária, a população praticamente não consumia verduras, legumes e peixes, que são alimentos ricos em iodo, uma substância importante para o bom funcionamento da tireóide.Entretanto, com a adição de iodo ao sal de cozinha, providência aliás muito simples, a sua ocorrência diminuiu de forma significativa. Na Amazônia, a escassez ou insuficiência de ingestão de alimentos ricos em vitamina A na alimentação diária de seus habitantes tem provocado xeroftalmia (cegueira noturna), mutilando suas vítimas e privando-as de uma vida plena.

Cumpre, também, lembrar que, nos trabalhos que tratam da fome, encontram-se referências à *fome crônica* e *fome aguda*.

A fome crônica corresponde às duas situações que descrevemos anteriormente, isto é, a fome energética ou calórica e a fome parcial ou específica, com as suas ocorrências separadas ou conjuntas, que é o caso mais comum. É encontrada, em maior ou menor incidência, dependendo do país ou sociedade considerada. No Brasil, ela ocorre não somente nos grandes bolsões de pobreza ou miséria, como é o caso do Nordeste, mas também em diversas áreas do país, incluindo as regiões metropolitanas. A expressão *fome crônica* foi criada para diferenciá-la da *fome aguda*, que os franceses denominam *famine*.

A fome aguda resulta de adversidades naturais (secas, inundações e pragas nas lavouras) e/ou problemas sociais, econômicos e políticos (guerras, conflitos armados internos etc.), quando efetivamente ocorre falta de alimentos para atender a população. É a forma mais cruel da fome coletiva. Morre-se de inanição, de extrema debilidade ou fraqueza.

Como exemplo, podemos citar o ocorrido na Somália. Durante os anos 1990, esse país foi assolado por guerras internas entre suas várias tribos e etnias que disputavam entre si o poder central. Esse acontecimento, somado às grandes secas de 1997 e 2000, dizimaram as lavouras e a criação de gado, impondo à sua população grandes dificuldades de acesso aos alimentos. Para agravar a situação, a ajuda humanitária em alimentos, coordenada pela ONU, não pôde chegar com eficiência aos necessitados, em virtude dos conflitos armados. Em consequência, milhares de homens, mulheres e crianças morreram de inanição, de fome aguda.

Consequências da fome

Os efeitos mais comuns causados pela fome são a desnutrição calórico-proteica (provocada pela falta de calorias e proteínas), as doenças causadas pela deficiência de vitamina A, a anemia (provocada pela deficiência de ferro), o raquitismo (gerado pela deficiência de vitamina D) e os distúrbios causados pela carência de vitaminas do grupo B.

Todas essas formas de desnutrição, quando não fazem suas vítimas diretamente, facilitam o aparecimento de outras doenças, que acabam levando o desnutrido à morte.

Por exemplo, os óbitos de crianças pobres não apontam a fome ou a desnutrição como causa dessas mortes. Figuram como causas a pneumonia, a desidratação, a tuberculose, o sarampo etc. No entanto, o óbito provocado por essas e outras doenças pode ser decorrência de um organismo debilitado ou sem resistência, em consequência da desnutrição ou fome.

A desnutrição calórico-protéica, também chamada desnutrição energético-protéica (DEP), atinge grande número de crianças em idade pré-escolar nos países subdesenvolvidos. Apresenta-se em diversos graus; o extremo ou mais grave (3º grau) em geral exige hospitalização para o seu tratamento. Segundo especialistas, o *kwashiorkor* e o *marasmo* são formas de desnutrição de 3º grau.

A palavra *kwashiorkor* é originada de um dialeto africano da Costa do Ouro (atual Gana) e possui vários significados: o mais utilizado é o de "criança desmamada". O *kwashiorkor* muitas vezes ocorre com uma criança após o seu desmame precoce, ou seja, quando nasce uma nova criança, num período em que havia uma outra ainda sendo amamentada, esta cede o lugar para a recém-nascida. Deixando de alimentar-se do leite materno e em razão da pouca disponibilidade de alimentos que a família tem em decorrência de sua pobreza, a criança passa a ter uma alimentação pobre em proteínas.

Assim, o *kwashiorkor* é uma doença causada pela carência de proteínas e ocorre geralmente em crianças acima de seis meses de idade. Caracteriza-se por apresentar inchaço do ventre, dando aspecto "balofo", lesões na pele, parada do crescimento, atraso no desenvolvimento mental, às vezes irreversível, lesões no fígado, com degeneração gordurosa, descoramento dos cabelos, comportamento apático, triste e retraído. As crianças com *kwashiorkor* chegam a atingir dois ou três anos de idade indiferentes ao mundo que as rodeia. Podem nem engatinhar nem andar, e geralmente morrem de doenças como coqueluche, sarampo e infecciosas, que, numa criança bem alimentada, raramente causam a morte.

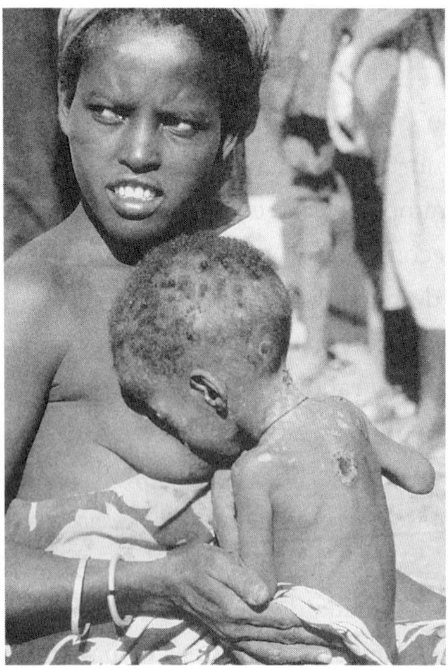
PETER MENZEL/SPL/STOCK PHOTOS

Criança com desnutrição severa. A criança mostra sinais da síndrome de *kwashiorkor*: afinamento do cabelo e da pele, diversas lesões na pele, perda de pigmentação e severa ulceração. Nestes casos, é raro ver a criança comendo dado que a Síndrome está frequentemente associada à anorexia. De toda forma, mamar no peito da mãe traz conforto psicológico, mesmo que não haja leite. Campo de refugiados de Merca, Somália.

O *marasmo* (termo grego que significa "consumir-se") — outra consequência da extrema desnutrição, causada pela deficiência de calorias na dieta alimentar da criança — ocorre geralmente nas primeiras semanas de vida. Caracteriza-se por emagrecimento, parada do crescimento longitudinal e extrema debilidade. O peso da criança chega a ficar 60% abaixo do normal.

Existem ainda os casos de desnutrição leve e moderada, chamados respectivamente de primeiro e de segundo graus. Trazem, também, graves consequências à saúde e ao desenvolvimento do ser humano e minam a resistência orgânica, abrindo brechas para o estabelecimento de várias doenças.

Estima-se que metade da população infantil mundial (menos de seis anos) apresenta sintomas de desnutrição grave, moderada e leve. Elas são, na verdade, vítimas, que geralmente nascem em famílias pobres, não são suficientemente amamentadas, e quando são desmamadas não dispõem de alimentos na qualidade e quantidade necessárias.

No Brasil, estudos recentes têm demonstrado que as manchas de desnutrição ou fome não se limitam mais a certas áreas do território. A desnutrição não é hoje uma situação escandalosa apenas no Nordeste e em algumas áreas da Amazônia e de Minas Gerais, como mostravam estudos anteriores. Ela existe em todo o território nacional, tanto nas zonas rurais como nas urbanas.

No final da década de 1950, o professor Nelson Chaves, fundador do Departamento de Nutrição da Universidade Federal de Pernambuco e um dos pioneiros do estudo da fome no Brasil, apontou o trágico quadro de desnutrição no Nordeste, onde havia crianças de dois até seis anos que não conseguiam andar devido a seu estado de desnutrição. Chamou a atenção também para o surgimento no Nordeste brasileiro de uma geração de nanicos, como resultado de carências nutricionais crônicas nos primeiros anos de vida da criança. O atraso no crescimento não é mais recuperado, mesmo que a criança tenha posteriormente uma alimentação adequada (é chamada de *desnutrição pregressa* pelos especialistas, ou seja, decorrente de fatores anteriormente ocorridos).

A ampliação dos serviços sociais (saúde, educação, água tratada, esgoto e assistência alimentar) no Nordeste brasileiro nos últimos anos contribuiu para a redução da desnutrição. Entretanto, estudos demonstram que em cada grupo de cinco crianças até cinco anos, uma ainda apresenta estatura abaixo do que seria normal para sua idade.

A geração de nanicos, no entanto, não se restringe apenas ao Nordeste. Nas demais regiões brasileiras, observam-se, também, crianças com achatamento das médias antropométricas.

A OMS (Organização Mundial da Saúde) apontou, recentemente, que 208 milhões de pessoas no mundo sofrem de nanismo nutricional, e 49 milhões apresentam baixo peso.

Além das doenças causadas pela desnutrição calórico-protéica, também aquelas provocadas pela insuficiência de vitaminas na alimentação fazem suas vítimas e trazem sérios problemas à saúde. A xeroftalmia, ou "doença das trevas", é um exemplo: já citada, ocorre comumente em crianças dos países subdesenvolvidos. Sua incidência é muito elevada em regiões onde a alimentação da criança após o desmame consiste basicamente de carboidratos, como a mandioca, o milho e o arroz, e não há ingestão suficiente de frutas, hortaliças, legumes e produtos de origem animal.

Segundo a FAO, de 100 a 140 milhões de pessoas no mundo estão sujeitas a cegueira e infecções, por possuírem deficiência de vitamina A na alimentação.

Para os especialistas, a carência de vitamina A é uma das formas de desnutrição mais fácil de ser combatida. De acordo com a OMS, a um custo baixo, de aproximadamente três dólares, é possível salvar cem pessoas da cegueira. É um custo desprezível, se comparado, principalmente, com as vultosas somas de dinheiro despendidas com armamentos (somente os Estados Unidos tiveram, no ano de 2002, quase 336 bilhões de dólares em gastos militares; para o ano de 2003, o Senado desse país aprovou um orçamento de 355 bilhões de dólares; para erradicar a ameaça da xeroftalmia, são necessários apenas cerca de 3 milhões de dólares, se o total de pessoas sujeitas à doença for de 100 milhões, e de 4,2 milhões de dólares, se for de 140 milhões).

Outra doença aliada à deficiência de vitamina é o raquitismo, que afeta ossos e deforma as pernas, principalmente. É consequência da falta de vitamina D e constitui uma doença endêmica em vários países subdesenvolvidos. Geralmente não é fatal, mas as deformações que causa podem tornar-se permanentes.

A vitamina D, além de ser produzida na pele, quando em exposição aos raios ultravioleta do sol, pode ser obtida numa ração alimentar rica em ovos e peixes, alimentos que, para grande parte da população, principalmente a urbana do mundo subdesenvolvido, são inacessíveis em razão da baixa renda e dos preços elevados.

As anemias por carência de ferro e fosfato (vitaminas do complexo B) fazem parte do conjunto de males provenientes da fome. Comprometem a saúde e a possibilidade de seus portadores levarem uma vida ativa. Calcula-se que 2 bilhões de pessoas, das quais 52% mulheres grávidas e 39% crianças menores de cinco anos, sejam vítimas da anemia em todo o mundo.

Quanto ao bócio, segundo a FAO, a sua incidência abrange 740 milhões de pessoas que não ingerem alimentos que tenham esse mineral em quantidade satisfatória.

Sabe-se, atualmente, que a desnutrição no ventre materno — a fome fetal — pode não só comprometer a saúde da criança ao nascer, mas também condenar os adultos nascidos nessa condição a uma vida vulnerável a diversas enfermidades: diabetes, câncer, problemas cardíacos e até mesmo obesidade. Não ingerindo quantidades suficientes de proteínas e calorias durante a gravidez, as mulheres geralmente dão à luz crianças com peso abaixo do normal, até mesmo com comprometimento cerebral. A medicina já constatou a estreita relação entre o peso reduzido ao nascer, para um tempo normal de gestação, e o atraso de desenvolvimento mental.

Assim, para muitas crianças, a desnutrição tem início antes mesmo de elas nascerem, ou seja, manifesta-se já na vida intrauterina. Como o desenvolvimento pré-natal depende do estado geral da mãe, se esta for desnutrida, o desenvolvimento da criança estará comprometido.

Os especialistas consideram 2,5 quilos o peso mínimo que uma criança deve ter ao nascer. Abaixo desse valor, entre outros fatores, pode ser sintomático que a mãe não tenha se alimentado adequada e suficientemente ao longo da gestação. De acordo com cálculos da FAO, o baixo peso ao nascer situa-se, no mundo, em torno de 17% dos recém-nascidos, sendo que, nos países desenvolvidos, encontra-se em torno de 5%, e nos países mais pobres as cifras são assustadoras: atingem 20 a 30% (Bangladesh, 50%; Índia, 33%; Paquistão, 25%; Brasil, 8%)[4]. Os especialistas esclarecem que esses dados não correspondem aos nascimentos de prematuros, mas sim referem-se somente a crianças que sofrem de desnutrição pré-natal decorrente da má alimentação da mãe. Aquelas que conseguem sobreviver correm o risco de apresentar anormalidades tanto no crescimento quanto no seu desenvolvimento.

A relação entre baixo peso ao nascer e as elevadas taxas de mortalidade infantil já foram, também, amplamente estudadas. Os bebês nascidos no período de gestação normal, com um peso inferior a 2,5 quilos, têm mais probabilidades de morrer nos primeiros meses de vida do que os bebês que nascem com peso maior.

No mundo sombrio da infância desnutrida, a situação ainda se agrava em razão de outros problemas. Além da alimentação deficiente, também a falta de afeto e de estímulo social e mental comprometem o desenvolvimento físico, emocional e intelectual da criança. Problemas psicomotores, cognitivos, de personalidade e baixa autoestima ocorrem em proporções elevadas.

Entre as causas da grande evasão escolar, coloca-se a limitação cognitiva da criança. Esta, não podendo acompanhar o ensino ou a aprendizagem, sente-se inferiorizada. Corre-se o risco de que o sentimento de inferioridade possa acompanhá-la pelo resto da vida, influenciando as suas atitudes e o seu relacionamento social. Poderá levá-la, como ser social, a um comportamento de submissão, por achar-se incapaz de desempenhar certas atividades, tornando-se, assim, presa fácil das relações de dominação que se manifestam na vida social.

4 Dados do *Relatório do Desenvolvimento Humano 2000*, do PNUD (Programa das Nações Unidas para o Desenvolvimento).

> A criança ou adulto desnutrido, no entanto, mesmo que não tenham lesões estruturais ou funcionais do SNC (Sistema Nervoso Central), apresentam um quadro de apatia, diminuição de atividade física e psicomotora, alterações do afeto e do humor (...)[5].

Nos países subdesenvolvidos, nem todas as crianças matriculadas na primeira série do ensino fundamental chegam a completar as quatro primeiras séries do curso. Em muitos desses países, verifica-se que, de 100 crianças matriculadas, apenas 50 e até menos chegam até o final do curso. Quando não são as dificuldades de aprendizagem que levam à desistência escolar, são as necessidades de sobrevivência. As crianças são requisitadas pelos pais a participarem do processo produtivo, ou seja, para trabalhar e aumentar a minguada renda familiar. No Brasil, apesar de existir legislação que proíbe o trabalho infantil, muitas crianças engrossam o contingente de boias-frias, de carvoeiros, de cortadores de pedras e de sisal etc. ou de trabalhadores urbanos (vendedores que atuam nos semáforos, limpadores de carros, trabalhadores do comércio, prestadores de serviços etc.).

Os direitos das crianças não estão sendo respeitados, apesar de todos os países terem assinado a Declaração dos Direitos da Criança, patrocinada pela ONU.

Declaração dos Direitos da Criança

Os princípios são dez, mas serão citados apenas três.

Princípio 4. A criança deve gozar dos benefícios da previdência social. Tem o direito de crescer e desenvolver-se de modo sadio; para tanto devem-lhe ser assegurados, assim como à mãe, cuidados especiais, inclusive assistência pré e pós-natal. A criança tem direito a alimentação, moradia, recreação e cuidados médicos adequados.

[5] Valente, Flavio Luiz Schieck. *Direito Humano à alimentação, desafios e conquistas*. São Paulo, Cortez, 2002. p. 31.

SEBASTIÃO MOREIRA/AE

Crianças trabalhando em olaria, no município de Vargem, SP. Abril de 2000.

Princípio 7. A criança tem direito de receber educação, que deve ser gratuita e obrigatória. Deve receber uma educação que contribua para sua cultura geral e que lhe permita, em condições de igualdade de oportunidades, desenvolver suas aptidões, suas opiniões pessoais e seu sentido de responsabilidade moral e social, tornando-se membro útil da sociedade (...).

Princípio 9. A criança deve ser protegida contra todas as formas de abandono, crueldade e exploração. Não deve ser submetida a nenhum tipo de tráfico. Não deve ser permitido que a criança trabalhe antes de uma idade mínima adequada (...).

A desnutrição abre as portas do organismo para várias enfermidades: desidratação, coqueluche, sarampo, pneumonia, tuberculose, disenteria etc. Entre as crianças bem alimentadas, essas doenças raramente causam a morte, mas à medida que a desnutrição progride os índices de óbitos se elevam assustadoramente. Diariamente, em todo o mundo subdesenvolvido, milhões de vidas são interrompidas pelo flagelo da fome. Sem resistência orgânica, as crianças desnutridas morrem. E morrem num mundo onde há alimentos para todos, onde somente a produção de cereais, segundo a FAO, seria suficiente para proporcionar a todos uma dieta adequada.

Então, por que isso acontece? Por muitas razões, como se verá na segunda parte deste livro. Entretanto, e tendo por base Josué de Castro, é possível adiantar:

> A fome não é um fenômeno natural e sim um produto artificial de conjunturas [estruturas] econômicas defeituosas: um produto de criação humana e, portanto, capaz de ser eliminado pela vontade criadora do homem.[6]

Situação vergonhosa para toda a humanidade

Mais de 800 milhões de pessoas vão dormir, todas as noites, sem ter ingerido os alimentos necessários à manutenção da saúde: cerca de 791 milhões nos países subdesenvolvidos e 34 nos países do Norte. Do total de mais de 800 milhões, a FAO calcula que 200 milhões são crianças e onze milhões delas morrem anualmente por causas relacionadas à desnutrição ou de doenças dela decorrentes. A cada dia, mais de 3 mil crianças morrem no mundo de malária, ou paludismo. A maioria dessas crianças poderia ser salva se elas tivessem as condições mínimas de alimentação e os cuidados sanitários básicos.

O número de pessoas no mundo com sobrepeso já supera o das pessoas desnutridas. A OMS considera a obesidade como uma "epidemia do século XXI". Estima-se que ela abranja cerca de 1,2 bilhão de pessoas — cerca de 20% da população mundial — cuja grande maioria se encontra nos países ricos (nos Estados Unidos, calcula-se que 55% da população tem sobrepeso e cerca de um terço é obesa). Enquanto essas pessoas correm graves riscos de saúde — diabete, doenças cardiovasculares etc. — pela ingestão exagerada e inadequada de alimentos,

[6] Castro, Josué de. *O livro negro da fome*. São Paulo, Brasiliense, 1960. p. 26.

outras passam fome, têm subalimentação. É um mundo de abundância exagerada para alguns e de escassez extrema para muitos. Tanto a face da opulência como a da miséria reinante mostram a irracionalidade humana, ainda mais quando se sabe que é possível tornar a vida um banquete para todos.

E o que dizer, então, da União Europeia? Seus Estados subvencionam os seus agricultores para que reduzam a produção de alimentos por razões estritamente econômicas, por exemplo, para que os preços dos produtos não despenquem. Desprovida de escrúpulos e de solidariedade, a lógica da economia de mercado não disponibiliza alimentos a quem precisa.

Entre 10 e 13 de junho de 2002, realizou-se, na cidade de Roma (sede da FAO), a Cúpula Mundial de Alimentação: Cinco Anos Depois.

Na Cúpula de 2002, foi realizado o balanço da situação alimentar do mundo, considerando o acordo assinado na Cúpula sobre Alimentação de 1996. Nesta, havia sido fixada, pelos representantes de 186 países presentes, a meta de reduzir pela metade o número de pessoas em estado de fome no mundo até o ano de 2015. Ou seja, diminuir o número de mais de 815 milhões de pessoas para 400 milhões no ano de 2015. Para cumprir tal meta, havia, portanto, a necessidade de eliminar a fome de 20 milhões de pessoas anualmente, entre 1996 e 2015.

O balanço realizado na Cúpula de 2002 constatou que a meta estava longe de ser alcançada. Ocorreu uma diminuição anual, entre 1996 e 2001, de apenas 6 milhões de pessoas, quando o objetivo traçado era de 20 milhões. A diminuição anual de 6 milhões ficou abaixo do número do período de 1990 a 1992, quando o total de desnutridos caíra anualmente em torno de 8 milhões. Houve, por conseguinte, um descumprimento da meta estabelecida em 1996, quando até mesmo foi calculado o montante de dinheiro necessário para tal empreendimento: 24 bilhões de dólares anualmente (quantia muito modesta, se comparada aos gastos militares — Estados Unidos, 336 bilhões de dólares; Japão, 46,7; Reino Unido, 36; França, 33,6; China, 31,1 etc., no ano de 2002 —, aos custos de obras suntuosas em todo o mundo, ao dinheiro envolvido no tráfico de drogas e na especulação financeira etc.).

Diante dos limitados resultados obtidos no combate à fome, entre 1996 e 2001, a Cúpula Mundial sobre Alimentação: Cinco Anos Depois, em 2002, decidiu rever a meta para 2015: elevou para 22 milhões o número de pessoas que anualmente devem ser excluídas do mapa da fome no mundo. Juntamente com a elevação da meta anual, ratificou-se o que tinha sido fixado no Programa de Combate à Fome, datado de 1996, entre eles melhorias na exploração agrícola (irrigação de terras, fornecimento de sementes mais produtivas, conservação dos recursos naturais básicos para a produção de alimentos, melhoramento da infra-estrutura rural, acesso mais fácil ao mercado, focalização do programa para as pessoas em condições especiais de penúria etc.).

Apesar de ter havido avanços no combate à fome, estes são muito modestos diante da situação mundial. Ela se estende a todos os continentes e não só à África. Na Índia, por exemplo, estima-se que 204 milhões de pessoas passem fome. Na Mongólia, 25% de sua população; no Afeganistão, 60%; na América Latina e Caribe, 53 milhões de pessoas.

TABELA 1. MUNDO SUBDESENVOLVIDO: NÚMERO DE PESSOAS SUBALIMENTADAS (EM MILHÕES)

Índia	204
África Subsaariana	180
China	164
Ásia e Pacífico	157
América Latina e Caribe	53
Oriente Próximo e África do Norte	33
TOTAL	**791**

Fonte: *Images Économiques du Monde*, 2001. Paris, Sedes, 2000. p. 34.

No período entre as duas Cúpulas da Alimentação (1996 e 2002), vimos que a redução da fome no mundo foi de apenas 6 milhões de pessoas por ano em média. O que se deve esperar para os próximos anos? Tendo-se por base o ocorrido, o panorama futuro não é animador. A meta dificilmente será alcançada. A fome e a pobreza não serão erradicadas enquanto não existirem Estados fortes, entendidos aqui como capazes de intervir para superar a exclusão social ou as desigualdades de condições sociais. Para tanto, torna-se premente, nos dias atuais, uma firme rejeição à política neoliberal aplicada em caráter global, que apregoa que os mecanismos de mercado são suficientes para promover o desenvolvimento econômico e social. Ao privilegiar o mercado, o neoliberalismo reduz o papel do Estado como agente regulador da economia e de redistribuição da riqueza, permitindo que interesses particulares (corporações transnacionais, oligarquias nacionais, capitais financeiros etc.) se sobreponham aos interesses coletivos. É certo que a própria história do capitalismo é também a história da exclusão social; assim, não se pode responsabilizar a globalização ou o capitalismo neoliberal pela fome e pela pobreza, mas podemos atribuir-lhe a criação de mecanismos que contribuem para dificultar a melhoria das precárias condições sociais. Também é certo afirmar que no seio do capitalismo formou-se o Estado de Bem-Estar Social; onde foi implantado — Europa Ocidental, Estados Unidos e Canadá — conseguiram-se grandes avanços sociais, mas onde ele nunca existiu, como é o caso de um modo geral dos países subdesenvolvidos, as precárias condições sociais continuam existindo para a maioria de suas populações, e é nestes que o impacto do neoliberalismo se faz sentir de forma ampliada.

Lembramos ainda de que a alimentação é um direito. É princípio consagrado em vários documentos ou em leis internacionais (Declaração Universal dos Direitos Humanos, de 1948, Pacto Internacional dos Direitos Econômicos, Sociais e Culturais, 1966, Declaração Universal sobre Erradicação da Fome e Desnutrição, 1974 etc.). Entretanto, mesmo que esse direito não estivesse regulamentado, é imperioso reconhecer que o acesso à alimentação adequada é mais que um imperativo moral[7], é uma questão de justiça social. O combate à fome não pode ser reduzido a uma questão de generosidade ou de bondade por parte dos países ricos aos países pobres, ou simplesmente ser considerado "ajuda humanitária", para que depois a situação continue a mesma. Ele envolve, fundamentalmente, esforços, no âmbito dos Estados, para remover obstáculos internos e externos responsáveis pela sua ocorrência (estruturas fundiárias concentracionistas, privilegiamento da agricultura comercial de exportação em detrimento da agricultura de produtos alimentares, dívida externa, liberalização do comércio e suas consequências nos países subdesenvolvidos, a relação entre a fome e a crescente internacionalização ou globalização da produção e das finanças e reconcentração do capital em conglomerados transnacionais, o impasse entre a agricultura patronal e familiar, a revolução verde, os transgênicos, o agropoder etc.). Essas e outras questões veremos na segunda parte deste livro.

O panorama mundial quanto à fome e à pobreza é aterrador. O mundo da miséria não esconde nem poupa suas vítimas, que são expostas à triste e trágica condição de penúria, de desesperança e, sobretudo, de aviltamento.

Entretanto, caminhando lado a lado com a miséria, mas se beneficiando dela, existe a riqueza de alguns países e de uma minoria de privilegiados do próprio mundo subdesenvolvido que se regozijam dessa posição. As nações do Norte (os países desenvolvidos da Europa, Japão e Estados Unidos) subordinam os do Sul (os países subdesenvolvidos em geral) por meio da manutenção de uma ordem econômica internacional cruel e injusta.

As classes privilegiadas do mundo subdesenvolvido, de modo geral, bem como as classes médias, pouco se importam com a miséria ao seu redor, a não ser quando representa ameaça à ordem social vigente. Escondem-se por trás de um liberalismo que tem mostrado violentos antagonismos entre os interesses individuais e coletivos. Ao sentir-se ameaçados, correm a providenciar "ajuda aos necessitados", sem, contu-

[7] Expressão utilizada pela jornalista Ana Muñoz, em *Alimentação, mais que um imperativo moral* (site www.rel-vita.org/internacional/hambre/alimentacion.htm).

do, buscar as verdadeiras causas da miséria e da pobreza e propor medidas profundas ou de cunho estrutural que alterem em definitivo a situação existente.

Morrer de fome ou inanição, ou ainda ter o desenvolvimento físico e mental comprometido pela desnutrição, num mundo em que a produção de alimentos é suficiente para assegurar alimentação adequada para todos, é uma situação vergonhosa, para não dizer obscena. É um verdadeiro escândalo. Mostra, na verdade, a irracionalidade humana. E, indo mais longe, pode-se até mesmo afirmar que a existência da fome no mundo é a prova mais contundente do fracasso da nossa civilização.

O caso da África

A África é o continente mais vitimado pela fome em todas as suas formas. A situação é dramática nos países ao sul do Saara, na chamada África Negra ou África Subsaariana, como pode ser visto no mapa a seguir.

Os seus indicadores sociais e econômicos atestam a frágil condição ou vulnerabilidade de suas populações, que já foram denominadas, na década de 1980, pela Unesco, "os deserdados da Terra" (dos 31 países listados, 21 situam-se na África)[8]. A África Subsaariana, por exemplo:

• responde por menos de 2% do PIB (Produto Interno Bruto) mundial (os países desenvolvidos, Estados Unidos, Canadá, União Europeia e Japão respondem por 74%);

• possui alta taxa de analfabetismo de adultos (idade igual ou superior a 15 anos): 67% (nos países desenvolvidos, menos de 5%; no Brasil, 13%);

[8] Os demais situam-se na Ásia: Afeganistão, Bangladesh, Butão, Maldivas, Laos, Nepal, Iêmen e República Árabe do Iêmen (na época, formavam dois Estados; foram unificados em 1990); na América, Haiti; e na Oceania, Samoa.

• possui elevada taxa de mortalidade infantil: 122‰ (países desenvolvidos, 6‰; no Brasil, 28,7‰, sendo que na região Nordeste é de 43‰);

• conta com 180 milhões de pessoas sofrendo de desnutrição;

• tem baixa esperança de vida média ao nascer — 48 anos (países desenvolvidos, 75 anos; Brasil, 68,5 anos);

• possui elevada taxa de mortalidade materna, ou seja, número anual de óbitos de mulheres por causas relacionadas com a gravidez, por 100 mil *nados-vivos (nado*, do latim, *natus* = nato, nascido): 703 (nos países desenvolvidos, média de 8; no Brasil,45,8);

• possui baixo IDH (Índice de Desenvolvimento Humano): abaixo de 0,5 (nos países desenvolvidos, superior a 0,8; Brasil, 0,777).

Completando o quadro desolador da África Subsaariana, as doenças aí se multiplicam. 28,5 milhões de pessoas estão infectadas pelo vírus da aids (o que representa 72% dos infectados no mundo) e menos

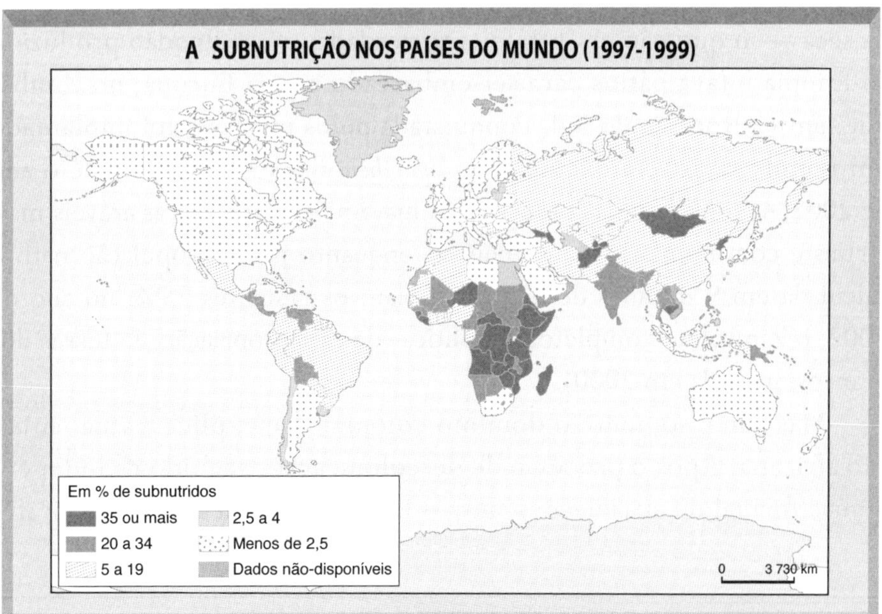

Fonte: *Programa de Alimentação das Nações Unidas — FAO.*

de 1% se beneficia de tratamento antirretroviral; os casos de tuberculose por 100 mil pessoas são elevadíssimos: Eritreia (243), Zâmbia (488), Malavi (205), contra 6,2, no Canadá, 10, na Suíça[9] e 44,1, no Brasil› em 2001, segundo a Fiocruz (Fundação Oswaldo Cruz).

O panorama sombrio da África Subsaariana atual decorre de uma multiplicidade de fatores.

A longa e brutal exploração europeia, materializada por meio da dominação colonial, marcou profundamente a vida africana. Suas riquezas foram intensamente drenadas para as potências colonialistas; sua gente foi escravizada; seu sistema produtivo, que estava organizado para atender às necessidades de suas populações, foi alterado para atender aos interesses dos conquistadores/colonizadores. Suas terras foram usurpadas à força. A agricultura de produtos alimentares foi substituída pela agricultura comercial de exportação (algodão, amendoim, café etc.) para abastecer o mercado europeu, característica de utilização da terra mantida até os dias atuais e responsável, em parte, pela ocorrência da fome (em 1984, enquanto populações etíopes morriam de inanição ou de fome aguda, fato divulgado pela imprensa como sendo decorrente da seca — o que não era totalmente verdade —, o algodão produzido na Etiópia lotava pátios para ser embarcado para a Europa; no Zimbábue, antiga Rodésia do Sul, conquistada pelos ingleses, foi implantado um regime racista, a exemplo do *apartheid* da África do Sul; até o ano de 2002, 4,5 mil famílias brancas dominavam 75% das terras aráveis mais férteis e com regularidade de chuvas, enquanto para a população nativa, calculada em 9 milhões de negros, cabiam os restantes 25%; no ano de 2002, o Zimbábue completou a política de desapropriação de terras dos brancos, iniciada em 2000).

Mas não é somente o domínio colonial que explica a atual situação africana. Após o processo de descolonização, seguido da independência formal de suas nações, novos fatores complicadores surgiram,

[9] Dados do *Relatório do Desenvolvimento Humano 2000*, do PNUD.

como, por exemplo, os receituários de política econômica — chamados de ajustes estruturais — ditados pelo FMI (Fundo Monetário Internacional) e pelo Banco Mundial. Um caso típico é o da Somália. Por volta dos anos de 1970, esse país possuía uma economia agropecuária com desenvolvimento razoável e autossuficiente. Entretanto, no começo da década de 1980, a intervenção do FMI e do Banco Mundial para saldar uma dívida entre a Somália e o Clube de Paris (leia o texto a seguir, *O Clube de Paris*) gerou uma profunda crise econômica nesse país. Medidas como o aumento das importações, a desvalorização do *shilling* somali, o estímulo do cultivo de produtos para exportação nas melhores terras, levaram o país a um colapso interno, aprofundando ainda mais a sua dependência do exterior.[10]

Clube de Paris

Grupo informal de países credores — Estados Unidos, Grã-Bretanha, França, Alemanha, Suécia, Holanda, Bélgica, Itália, Japão e Suíça — formado em 1956, com o propósito de reescalonar a médio ou a longo prazo a dívida externa de países subdesenvolvidos, quando o seu montante efetivamente justifica uma renegociação. Por solicitação de um país devedor, o Clube de Paris reúne os países credores deste, juntamente com observadores de grandes instituições financeiras, como o FMI, Banco Mundial etc. Então são acertados os termos de renegociação da dívida. Uma vez decidido, são realizados acordos bilaterais entre o país devedor e cada um dos credores.

A desestruturação de todo o sistema econômico tradicional da Somália, decorrente do receituário do FMI e do Banco Mundial, aliás defensores dos interesses dos países capitalistas avançados, levou à falência

10 Para o melhor entendimento e aprofundamento dessa questão, consulte: Chossudovsky, Michel. *A globalização da pobreza*: impactos das reformas do FMI e do Banco Mundial. São Paulo, Moderna, 1999, e Soares, Laura Tavares. O desastre social, Rio de Janeiro, Record, 2003.

agricultores e criadores de gado nômades, que juntamente com os períodos de seca prolongados, quase desapareceram. Entrando em crise econômica e social, não tardou a surgir, em consequência, a crise política e em seguida a guerra civil que durou 10 anos (1990-2000), cujo balanço trágico envolve a morte de milhares de somalis. O exemplo da Somália mostra como os programas ditados pelo FMI e Banco Mundial e impostos aos países subdesenvolvidos agravam as situações. Mas, por outro lado, satisfazem plenamente aos países do Clube de Paris, que pouco se importam se os receituários aprofundam ou não a crise dos países devedores, a fome e a miséria. Daí poder afirmar que a fome é também uma questão política.

Devemos também lembrar que as atuais fronteiras dos Estados subsaarianos não correspondem às aspirações de seus povos. Foram traçadas segundo a conveniência dos conquistadores/colonizadores que, não respeitando a diversidade étnica ou cultural, encerraram numa mesma fronteira nacional tribos historicamente antagônicas e de tradições, línguas e costumes diferentes. Diante disso, cabe perguntar: como obter uma unidade nacional? Tal situação explica as inúmeras guerras internas na África Subsaariana, nos últimos 40 anos, ou seja, após a descolonização, comprometendo, sem dúvida, o desenvolvimento de seus países e, consequentemente, explicando as razões da pobreza e da fome aí existentes (Angola, para citar um exemplo, viveu, de 1961 a 2001, conflitos armados entre as suas etnias, pelo domínio do poder central).

A instabilidade política daí decorrente, os gastos militares considerados vultosos para as suas débeis economias, que, por outro lado, enriquecem os produtores de armas do mundo desenvolvido, a corrupção administrativa de muitos de seus governantes, a sua inserção na economia global como simples fornecedora de bens primários e cujos preços são controlados por corporações transnacionais e muitos outros fatores adversos emperram o seu desenvolvimento e contribuem para a precariedade de seus indicadores sociais e econômicos e, por conseguinte, para a ocorrência da fome ou da acentuada insegurança alimentar ali reinante.

Não só a África Subsaariana é vitimada pelo subdesenvolvimento e pela fome. Se lá eles ocorrem de forma mais abrangente, outras regiões ou outros países também sofrem com esses flagelos de forma igual ou menos intensa, como observamos no mapa da página 35. Mesmo no mundo desenvolvido existe a fome. Os Estados Unidos, considerados a expressão maior do desenvolvimento do capitalismo, têm em sua sociedade ou no propalado *american way of life* enormes contradições e, entre elas, a fome. Nesse país, grande contingente populacional tem a possibilidade de alimentar-se adequadamente somente mediante os *tickets* de alimentação fornecidos pelo poder público ou se estiverem inscritos nos programas de segurança alimentar.

> (...) O número de cidadãos dos EUA com "insegurança alimentar", que estavam com fome ou em risco de fome, permaneceu em 33,6 milhões em 2001, incluindo mais de 6 milhões de crianças, apesar dos grandes esforços de programas(...)[11].

Afinal, se o exemplo maior de país desenvolvido, os Estados Unidos, portador de um instrumental científico e tecnológico sem precedentes na história, grande exportador de cereais, possui, vergonhosamente, no seio de sua população, milhões de pessoas desnutridas, com fome ou em estado de insegurança alimentar, o que explica então a questão?

Após a derrocada do socialismo real na ex-União Soviética e no Leste Europeu, o diplomata, escritor, filólogo e crítico literário Antônio Houaiss e seu parceiro Roberto do Amaral Vieira escreveram um texto bastante esclarecedor:

> A posição triunfalista do capitalismo tem todas as razões de ser: é, economicamente, mais capaz do que qualquer outro regime social de produzir e de fazer consumir para continuar a produzir.

[11] Hrinak, Donna J. embaixadora dos Estados Unidos da América no Brasil. *Folha de S.Paulo*, 30 mar. 2003, p. A3.

(...) Essa vitória, porém, não pode ser idealizada: não se trata de consagrar a sociedade capitalista como a melhor, pois não pode ser melhor — para a humanidade em geral — o que beneficia uma fração do todo.

(...) Digamos claramente: não se questiona o capitalismo como instrumento de produção e acumulação de riquezas, de desenvolvimento econômico ou progresso; questiona-se, e cada vez mais, a qualidade — isto é, a injustiça — dessa riqueza acumulada nas mãos de tão poucos, e o progresso que beneficia também tão poucos, à custa de exploração de tantos homens, mulheres, crianças, nações e povos.[12]

[12] Folha de S.Paulo, 4 out. 1990.

2. O crescimento populacional como bode expiatório da fome no mundo subdesenvolvido

É VERDADE, NATURALMENTE, QUE O CRESCIMENTO POPULACIONAL IMPLICA NECESSARIAMENTE UM ÔNUS PARA QUALQUER ECONOMIA, SE NÃO POR OUTRAS RAZÕES, AO MENOS PORQUE OS SERES HUMANOS VÊM A ESTE MUNDO PRIMEIRO COMO CONSUMIDORES E SÓ MAIS TARDE COMO PRODUTORES. MAS SERIA LOUCURA PARAR NESTE PONTO DE ANÁLISE. [13]

Crescimento populacional mundial

Admite-se que, no início da era cristã, a população do mundo tenha sido de 250 milhões de habitantes. Considerando, então, que o homem (*Homo erectus*) tenha surgido há aproximadamente um milhão de anos, houve um lento crescimento populacional até esse período.

Em 1650, a população mundial atingiu 500 milhões, crescimento populacional que também foi lento, se considerarmos o período que vai desde o início da era cristã até esse momento.

[13] Singer, Paul. *Dinâmica populacional e desenvolvimento*. São Paulo, Cebrap, 1970. p. 19.

Em 1850, a população mundial elevou-se para 1 bilhão e 262 milhões, e em 1900 para 1 bilhão e 650 milhões, que representa um crescimento mais acentuado.

A partir do século XX, especialmente após 1950, a população passou a apresentar um crescimento bastante acelerado. Em 1950, era de 2 bilhões e 500 milhões; em 1970, 3 bilhões e 600 milhões; em 1990, 5 bilhões e 255 milhões; em 2000, 6 bilhões e 55 milhões; e em 2002, 6 bilhões e 200 milhões (ver tabela 2). Assim, a grande aceleração demográfica ocorreu na segunda metade do século XX. A população mais que duplicou; aumentou em 140%.

TABELA 2. CRESCIMENTO DA POPULAÇÃO MUNDIAL

Ano	População	Crescimento médio anual (%)
Início da Era Cristã	250.000.000	–
1650	500.000.000	0,06
1850	1.262.000.000	0,7
1900	1.650.000.000	0,6
1950	2.515.000.000	1,0
1970	3.691.000.000	2,3
1980	4.430.000.000	2,0
1990	5.255.000.000	1,8
2000	6.055.000.000	1,5
2002	6.200.000.000	1,2
2025[1]	7.937.000.000	1,2

[1] Estimativa. A ONU estima que em 2050 a população mundial poderá ser de 9,3 bilhões. Caso isso se confirme, tomando-se por base o ano de 2025, o crescimento médio anual será de 0,58%, o que representa uma queda considerável do crescimento populacional mundial.

Fonte: Porcentagens calculadas tendo por base: Glenn T. Trewartha, *Geografia de população*: padrão mundial. São Paulo, Atlas, 1974 e *L'état du Monde 2003: annuaire économique et géopolitique mondial.* Paris, La Découverte, 2002.

Crescimento populacional nos países subdesenvolvidos e desenvolvidos

A participação dos países subdesenvolvidos no crescimento demográfico mundial é bastante significativo. Enquanto o crescimento médio anual das populações dos países desenvolvidos, no período de 1975 a 2000, foi igual ou inferior a 0,65%, o dos países subdesenvolvidos situou-se entre 1,62% e 2,07 (veja tabela 3). Comparando, por exemplo, a taxa de crescimento da população da América Latina, África e Ásia, em relação à da Europa e América do Norte, com exceção do México, de 1975 a 2000, verifica-se que o crescimento populacional latino-americano, africano e asiático sempre se apresentou bem acima do europeu e do norte-americano.

TABELA 3. TAXA DE CRESCIMENTO DA POPULAÇÃO (EM % ANUAL)

	1975-80	1980-85	1985-90	1990-95	1995-00	2005-10[2]
Mundo	1,72	1,71	1,71	1,49	1,35	1,16
África	2,79	2,87	2,78	2,54	2,41	2,23
América Latina	2,32	2,08	1,88	1,72	1,56	1,29
América do Norte[1]	0,93	1,03	1,02	1,08	1,04	0,82
Ásia	1,86	1,85	1,85	1,58	1,41	1,16
Europa	0,49	0,38	0,43	0,18	−0,04	−0,21
Oceania	1,12	1,55	1,57	1,59	1,37	1,16
Países desenvolvidos	0,65	0,59	0,59	0,44	0,30	0,12
Países em desenvolvimento	2,07	2,06	2,03	1,78	1,62	1,39

[1]Exceto o México [2]Projeção

Fonte: *L'état du Monde 2003: annuarie économique et géopolitique mondial.* Paris, La Découverte, 2002.

GRÁFICO 1. MUNDO — PAÍSES SUBDESENVOLVIDOS E DESENVOLVIDOS: TAXA DE CRESCIMENTO DA POPULAÇÃO (EM %)

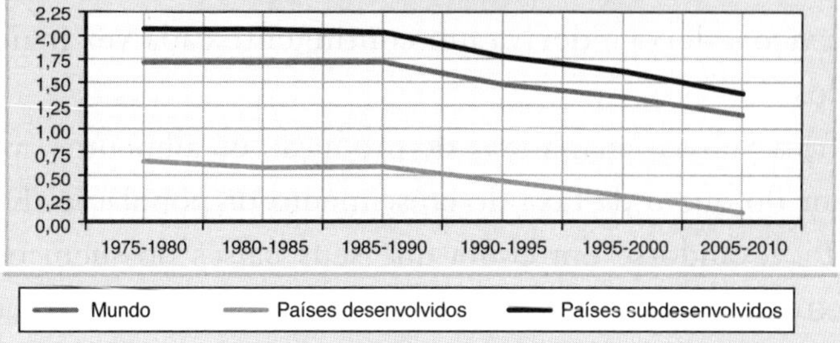

Fonte: Base dos dados: *L'état du Monde 2003: annuarie économique et géopolitique mondial.* Paris, La Découverte, 2002.

Os dados que acabamos de ver mostram o contraste entre os países desenvolvidos e subdesenvolvidos quanto ao crescimento populacional. O maior contraste se verifica comparando a África e a Europa. Enquanto, no primeiro continente, a taxa de crescimento populacional médio anual, no período de 1995-2000, foi de 2,41%, no segundo foi de -0,04%, ou seja, não houve crescimento e, sim, diminuição. Ambos os casos podem ser considerados problemáticos. No caso da Europa, o fato de a taxa bruta de natalidade (10,1%) situar-se abaixo da taxa bruta de mortalidade (11,5%), combinada ainda com o envelhecimento de sua população, decorrente do aumento considerável da expectativa de vida média, coloca o continente num sério impasse. O crescimento da população idosa e a não reposição de jovens, devido à baixa taxa de fecundidade, conduzirá a uma situação em que faltará mão de obra para dar sustentação à economia e à própria população envelhecida. Deverá também acentuar-se o que já se observa hoje, ou seja, a grande pressão sobre os fundos de pensão, sobre os serviços de saúde pública, enfim, sobre o sistema de seguridade social, colocando o Estado em situação financeira delicada. A África, já penalizada por tantos problemas, tende a ver agravada a sua crise social, por causa do seu crescimento populacional, caso não haja mudanças significativas na economia, destacando-se entre elas a criação de empregos para muitos jovens que necessitam ser inseridos na cadeia produtiva.

Ambos os casos mostram que a questão populacional está estreitamente ligada à economia. E, no caso dos países avançados, está relacionada à explosão tecnológica que, automatizando as indústrias, o comércio e os serviços, deixa à deriva um contingente cada vez maior de desempregados.

Na África Subsaariana, a taxa de produção de alimentos cresce num ritmo menor do que o da taxa de crescimento da população. É um fator preocupante, levando-se em conta que seus países possuem economias frágeis e extrovertidas, isto é, voltadas para o mercado externo. Entretanto, o "remédio" não se encontra na diminuição da taxa de crescimento populacional. Não é esta que tem de adaptar-se à economia, mas a economia à taxa de crescimento demográfico, apesar de existir amplo consenso de que um crescimento populacional mais acelerado representa a necessidade, por parte do Estado, de despender mais recursos para atender às demandas sociais.

O caso da África Subsaariana se enquadra no panorama geral dos países subdesenvolvidos, mas com alguns ingredientes particulares. Os conflitos armados em muitos de seus países, decorrentes, como já foi citado, da criação de fronteiras artificiais, têm sido um entrave para o desenvolvimento da agricultura. Além de impedir que os agricultores produzam alimentos, eles desestruturam os transportes, o comércio e os mercados.

Segundo a FAO, entre 1970 e 1997, os conflitos armados na África Subsaariana produziram perdas na produção agrícola de cerca de 52 bilhões de dólares. Assim, no decorrer dos 27 anos, esse valor corresponde a quase 2 bilhões de dólares em média por ano, quantia suficiente, segundo previsões da FAO, para aumentar a ingestão de alimentos até os níveis mínimos necessários de, aproximadamente, 154 milhões de pessoas desnutridas.

Os conflitos armados no Sahel[14], ou África Saheliana, por exemplo, combinados com a seca que assola periodicamente a região, são responsáveis por seis dos sete surtos graves de fome desde 1980. Desse modo, não podemos responsabilizar o crescimento populacional pela fome nessa região, e sim os fatores que independem desse crescimento.

E quanto à seca? Também não podemos ser deterministas a ponto de atribuirmos às condições naturais adversas a causa da ocorrência da fome. No Sahel, admitir tal situação implica ignorar os avanços técnicos que possibilitem remover obstáculos decorrentes da imposição do meio natural (veja o caso de Israel, para citar apenas um; esse país transformou o deserto de Negev, por meio de irrigação, em área produtora de frutas, flores etc.).

No Chade, por exemplo, um país do Sahel, a herança do colonialismo ainda se faz bastante presente. Os colonizadores franceses apropriaram-se do seu território em 1885, após o grande acordo selado na Con-

---

[14] *Sahel*, palavra árabe que quer dizer "costa do deserto", é utilizada para designar os países africanos situados na franja sul do deserto do Saara.

ferência de Berlim, realizada nesse mesmo ano, entre as potências colonialistas europeias (conferência na qual os países colonialistas realizaram, entre si, a partilha do mundo). Em 1930, em vista da crise da economia dos Estados Unidos e do consequente comprometimento do comércio de algodão, os franceses introduziram no Chade a cultura desse vegetal para garantir o abastecimento de sua indústria têxtil de fibras de algodão e a sua indústria de óleo alimentício. Além de introduzirem as *plantations,* o trabalho assalariado e a economia de mercado, dividiram a terra em lotes, obrigando os camponeses a também produzir algodão. A comercialização, contudo, ficou nas mãos dos franceses.

Nesse processo comercial de utilização da terra, a agricultura de autossubsistência comunitária foi desestruturada, cedendo lugar às plantações de algodão destinadas a suprir o mercado externo. A substituição da agricultura tradicional, ou seja, de produtos destinados à alimentação de seu povo, deixou como consequência a fome. Sobrava algodão e faltavam alimentos.

E, atualmente, como se apresenta a agricultura do Chade?

Continua presa à divisão internacional do trabalho, ou seja, como mera fornecedora de matérias-primas — principalmente o algodão — para os países ricos, mas, sobretudo para a França, que ainda mantém fortes laços com a sua ex-colônia. Independente da França desde 1960, os seus grupos internos rivais, ao disputarem o poder — até mesmo com a participação da França —, não dão trégua para que o país organize a sua vida política, econômica e social. A participação de tropas francesas nos conflitos internos após a independência, apoiando este ou aquele grupo, é explicada não só pelos fortes laços comerciais que o Chade continuou mantendo com a França, mas, também, pelos interesses estratégicos desse país europeu em relação ao Maghreb[15] e pelos recursos minerais aí existentes, entre eles, o urânio e o petróleo. Não bastando os conflitos internos, os externos, como por exemplo, o envio de

[15] *Maghreb*, palavra árabe que quer dizer "o poente"; designa o conjunto dos países do nordeste da África (Mauritânia, Marrocos, Argélia, Tunísia, Líbia e Saara Ocidental: quanto a este último, ex-colônia espanhola, encontra-se atualmente em disputa pelo Marrocos e por um movimento nacional, a Frente Polisário).

tropas em 1999 para o conflito na República Democrática do Congo, exauriram ainda mais a sua cambaleante economia, contribuindo para reafirmar a sua dependência em relação à França, tornando-o presa fácil dos interesses desse país.

Considere-se também que o Chade, no decorrer de todos esses anos, não diversificou a sua agricultura, pois a sua classe dirigente receava que a obtenção de dólares por meio da exportação de algodão pudesse diminuir, impedindo o país de importar produtos (muitos deles supérfluos) dos países industrializados. Essa situação tem levado a um aprofundamento das precárias condições sociais do país, entre elas a desnutrição ou fome. No entanto, o Chade exporta algodão e importa mais de 50 mil toneladas de cereais por ano, para atender muito mal às necessidades, não de suas classes dirigentes, que são bem alimentadas, mas às de grande parcela de sua população de 8,1 milhões de pessoas.

Seria, então, o crescimento da população dos países subdesenvolvidos o responsável pela fome? Acreditamos que não, pois, se assim fosse, como explicaríamos a fome ou desnutrição também existente em países desenvolvidos?

O malthusianismo

A relação entre o crescimento populacional e a fome já era preocupação da alguns pensadores no século XVIII, e foi a partir da publicação da teoria de Thomas Robert Malthus (1798) que a questão passou a ter mais repercussão, advinda do próprio momento histórico em que vivia a Inglaterra: o desenvolvimento do capitalismo industrial, a intensa urbanização e os receios em relação ao nascente socialismo.

A teoria de Malthus — chamada malthusianismo — foi ressuscitada após a Segunda Guerra Mundial, por causa do grande crescimento populacional mundial. Passou a ser utilizada para alertar a humanidade quanto aos perigos do grande crescimento demográfico e para justificar a necessidade de se estabelecer o controle da natalidade, principalmente nos países subdesenvolvidos.

A teoria malthusiana, exposta no livro *Um ensaio sobre os princípios da população*, defende dois princípios:

1º) Podemos estar certos de que, quando a população não é detida por algum obstáculo, duplica em cada vinte e cinco anos e cresce de período em período, segundo uma progressão geométrica.

2º) Os meios de subsistência, nas circunstâncias mais favoráveis, nunca podem aumentar mais rapidamente do que uma progressão aritmética.

Os obstáculos ao aumento da população foram classificados por Malthus em três ordens de fatores: 1ª) as epidemias, as doenças, as guerras e outras calamidades e a fome; 2ª) as práticas de anticoncepção (condenadas por Malthus por causa de sua formação religiosa — era pastor da Igreja Anglicana); 3ª) a sujeição moral (o homem não devia casar-se enquanto não tivesse recursos suficientes para educar a família).

A sujeição moral era a base da teoria malthusiana. Ela serviria para conter o crescimento populacional e afastar o perigo de um crescimento acelerado da população.

Quanto às noções de progressão geométrica e de progressão aritmética, Malthus as utilizou apenas para ilustrar sua teoria. Sabia que a relação entre o aumento da população e o da produção de alimentos não se faria segundo uma precisão matemática dada pelas duas progressões. Desejava com isso chamar a atenção para o crescimento populacional, que estava ocorrendo num ritmo bem superior ao da produção de alimentos.

Para elaborar sua teoria, Malthus serviu-se da *lei dos rendimentos decrescentes,* utilizada pelos economistas clássicos desde o século XVIII. Segundo essa lei, à medida que se adicionam acréscimos iguais de um fator variável a um fator fixo de produção — ou a uma combinação fixa de fatores —, a partir de um determinado ponto, os consequentes aumentos do produto tornar-se-ão menores, ou seja, os produtos marginais diminuirão.

Malthus apoiou-se no fato de que as áreas de terras cultiváveis são limitadas, sendo, portanto, um fator fixo de produção. Assim, ocorrendo o aumento da população (fator variável de produção), em consequência do crescimento demográfico chegar-se-ia a um ponto-limite, no qual o acréscimo do produto deixaria de ser proporcional à adição de fatores variáveis, e em seguida o produto total obtido se reduziria a zero (veja tabela 4).

Para melhor compreender essa lei, veja sua representação através de dados numéricos com base na tabela.

TABELA 4. DEMONSTRATIVO DA LEI DOS RENDIMENTOS DECRESCENTES

Fator fixo de produção (área de terra = 10 ha)	Fator variável de produção (nº de homens trabalhando a terra) de 10 ha	Produção obtida em kg (exemplo: milho)	Acréscimo da produção mediante a adição de um fator variável (nº de homens)
10 ha	0	0	–
10 ha	1	2.000	2.000
10 ha	2	5.000	3.000
10 ha	3	7.000	2.000
10 ha	4	8.000	1.000
10 ha	5	8.200	200
10 ha	6	8.300	100
10 ha	7	8.300	0

• Admita-se uma propriedade rural com área de 10 hectares. Não havendo alteração em sua área, essa propriedade corresponderá, no caso, ao *fator fixo de produção.*

• No primeiro ano, é introduzido nessa área um homem, que cultivará a terra; no segundo ano, dois homens; no terceiro, três homens e, assim, sucessivamente. Tem-se, aqui, o *fator variável de produção.*

Observa-se, então, o seguinte:

• Com o trabalho de um homem (fator variável), a produção de milho foi de 2000 kg.

• Adicionando-se mais um fator variável (dois homens), a produção de milho foi mais que o dobro (5000 kg) e o acréscimo de produção foi de 3000 kg em relação à situação anterior.

• Acrescentando-se outro fator variável de produção (três homens), a produção de milho correspondeu a 7000 kg, e o acréscimo de produção tornou-se menor (2000 kg). Não houve, portanto, correspondência proporcional da produção em relação ao aumento do fator variável.

• Continuando-se a acrescentar mais fatores variáveis, o acréscimo de produção continuará em fase decrescente, até se reduzir a *zero*.

Segundo Malthus, a lei dos rendimentos decrescentes poderia ser verificada na prática em curto espaço de tempo, pois a população duplicaria em cada 25 anos, se não fosse detida por algum obstáculo. Como consequência, a fome estaria generalizada e haveria inquietações sociais, ameaçando a ordem social existente no mundo. Sabe-se, hoje, no entanto, que isso não ocorreu. A lei dos rendimentos decrescentes é verificável apenas em certos casos, como por exemplo, no minifúndio. Em razão da exígua dimensão da propriedade minifundiária, a produção não é suficiente para garantir um nível de vida digno a todos que nela trabalham. Daí ser bastante comum pessoas de uma família que trabalha em um minifúndio buscarem atividades na cidade ou em outras propriedades rurais, geralmente os latifúndios. Nessas circunstâncias, o minifundiário, ao mesmo tempo que é proprietário, é também um boia-fria ou um trabalhador temporário.

Assim, no minifúndio a lei dos rendimentos decrescentes é aplicável e, consequentemente, verifica-se, aí, o desperdício do recurso homem (trabalho). Já no latifúndio improdutivo ou subaproveitado, observa-se o desperdício do recurso terra.

Nos países subdesenvolvidos, em vista de estruturas fundiárias injustas ou antidemocráticas, o desperdício do recurso terra é escandaloso. Latifúndios improdutivos coexistem com milhões de pessoas que passam fome e com outras tantas sem acesso à terra — os sem-terra. Seus proprietários, neste caso, não só não utilizam a terra para produzir como também impedem que outros nela produzam. Possuem-na apenas como mera mercadoria de compra e venda ou simplesmente como reserva de valor, não permitindo que a terra cumpra a sua função social, ou seja, a de produzir. Assim procedendo, contribuem para o agravamento da fome e da pobreza.

Considerações sobre a teoria malthusiana

A população mundial, no ano de 2002, atingiu a cifra de 6,2 bilhões de habitantes. Se as previsões de Malthus se concretizassem, essa população seria superior a 120 bilhões. Os malthusianos afirmam que isso não ocorreu devido às epidemias, às doenças, às guerras, à fome e às catástrofes naturais. Essa argumentação, no entanto, não procede. Os obstáculos são fenômenos casuais e esporádicos. Não param o crescimento populacional, apenas o retardam durante algum tempo. As mortes causadas pela fome durante a Revolução Industrial na Europa, os 100 milhões de vítimas da gripe espanhola logo após a Primeira Guerra Mundial, os 60 milhões de vítimas da Segunda Guerra Mundial e as mortes causadas pelas guerras do Vietnã e do Camboja, pela epidemia da aids e outras não estancaram o crescimento populacional; simplesmente o retardaram.

Esses fatos e outros correlatos não explicam a diferença entre a previsão malthusiana de 120 bilhões de habitantes e os 6,2 bilhões existentes no mundo atualmente. As previsões de Malthus, alarmistas e sem base científica sólida, podem ser facilmente contestadas pelas seguintes razões:

1ª) Malthus errou ao considerar que o crescimento populacional é uma variável independente. Esse crescimento está estreitamente relacionado a fatores políticos, sociais, culturais e econômicos. O comportamento demográfico mundial depende das conjunturas econômicas de cada país. Pode-se observar, por exemplo, que os países desenvolvidos já completaram a chamada *transição demográfica*, isto é, concluíram um processo em que primeiro ocorre uma diminuição da mortalidade e, em seguida, tem início a queda da natalidade.

Os demógrafos, ao observarem na dinâmica populacional as taxas de natalidade e de mortalidade, notaram que elas se modificam no decorrer do tempo. Criaram um modelo de três níveis: o *primeiro* corresponde à situação em que, numa dada população, existem altas taxas de natalidade e de mortalidade, resultando, daí, um lento crescimento demográfico; o *segundo* caracteriza-se pela permanência de altas taxas de natalidade e pela redução das taxas de mortalidade, correspondendo, assim, a um rápido crescimento demográfico (é esse o caso de países subdesenvolvidos, nas décadas de 1950 a 1980); no *terceiro,* a taxa de natalidade decresce significativamente, contrabalançando com a taxa de mortalidade, havendo, em consequência, lento crescimento demográfico ou até mesmo nulo ou negativo (é o caso de alguns países desenvolvidos).

Enquanto os países desenvolvidos já concluíram a transição demográfica, os subdesenvolvidos a iniciaram. O crescimento populacional mundial, que em 1965 era de 2,5%, declinou para 1,71% no período de 1980-90; para 1,49%, entre 1990-95; 1,35%, entre 1995-2000; e as projeções demográficas apontam para o período de 2005-10, 1,16% (reveja na tabela 3 a taxa de crescimento populacional dos países desenvolvidos e subdesenvolvidos).

2ª) A teoria malthusiana foi elaborada num momento histórico caracterizado pela passagem, na Inglaterra, do capitalismo comercial para o industrial. A agricultura inglesa, nesse período, passou por transformações. Grandes áreas de cultivo foram substituídas pela pecuária de ovinos, visando-se produzir a matéria-prima (a lã) para a indústria têxtil inglesa. Houve, em consequência disso, intenso êxodo rural, grande urbanização e mudanças nos hábitos e costumes da população. Esse período caracteriza-se, portanto, por alterações no modo de vida restrito à Inglaterra e por ser um período de transição histórica. Assim, ele não pode ser representativo, a ponto de permitir projeções quanto ao crescimento populacional do resto do mundo, nem para generalizações.

3ª) Malthus não considerou uma variável importante: o desenvolvimento da ciência e da técnica aplicadas à agricultura. Com o desenvolvimento da tecnologia agrícola, houve considerável aumento da produção e da produtividade agrícola, como também a ampliação das áreas agricultáveis do globo. Os avanços da genética, por sua vez, permitiram obter espécies mais resistentes às pragas, além de sementes e mudas mais produtivas. A mecanização da agricultura, além disso, liberou muitas pessoas do trabalho pesado e permitiu a ocupação de áreas ainda não exploradas.

4ª) Malthus não considerou que, à medida que uma população melhora suas condições de vida, a taxa de natalidade decresce, mantendo-se em níveis baixos. Basta observar, por exemplo, os países da Europa, o Japão, a Austrália, a Nova Zelândia, os Estados Unidos e o Canadá, que possuem taxas de natalidade inferiores a 15‰.

A teoria malthusiana serviu admiravelmente aos interesses das classes dominantes da época e, ainda hoje, é utilizada como uma "explicação científica" para justificar a miséria, a pobreza e a fome de milhões de seres humanos.

Karl Marx (1818-1883) foi um dos que criticaram a teoria de Malthus. Marx sustentava que o capitalismo, para sobreviver, necessita de uma população relativa excedente. Esse excesso populacional, ficando permanentemente desempregado, causa o barateamento da mão de obra. Isso favorece enormemente o capitalista, porque é interessante para ele que a oferta de empregos seja menor que a procura, provocando, desse modo, a formação de um exército industrial de reserva (expressão usada por Marx para designar o conjunto de trabalhadores desempregados). Esse exército industrial de reserva, concorrendo com a força de trabalho empregada, tende a pressionar os salários para baixo.

Marx, Engels e outros socialistas viam a teoria de Malthus como um instrumento que se adequava às necessidades particulares dos homens de negócio da época. Segundo esses socialistas, Malthus propunha um controle da natalidade para impedir que o exército industrial de reserva aumentasse de forma exagerada, a ponto de ameaçar a ordem social estabelecida pelas classes dominantes.

O neomalthusianismo, a pobreza e a fome

Após a Segunda Guerra Mundial, surgiram várias teorias econômicas relacionadas ao subdesenvolvimento, elaboradas principalmente nos centros acadêmicos e governamentais dos países desenvolvidos e exportadas para os demais países do mundo.

Algumas apontavam que o subdesenvolvimento decorria da existência de uma agricultura atrasada e de baixa produtividade. Outras teorias apresentavam como causa o baixo nível de industrialização dos países subdesenvolvidos. Outras ainda indicavam a escassez da rede de transporte e a falta de produção de energia como obstáculos para o desenvolvimento.

Foi nesse contexto que apareceu a chamada teoria neomalthusiana, cuja argumentação pode ser assim resumida: o crescimento populacional acelerado dos países subdesenvolvidos é um forte obstáculo ao desenvolvimento econômico, pois tornam-se necessários grandes investimentos sociais (mais escolas, mais hospitais, mais postos de saúde etc.), para atender ao aumento numérico da população. Tal situação impede ou dificulta, por sua vez, a realização de investimentos em setores produtivos da economia, aprofundando, consequentemente, o subdesenvolvimento. Em função disso, essa teoria defende o controle da natalidade.

Vê-se então que na visão neomalthusiana o subdesenvolvimento resulta das altas taxas de crescimento populacional. Admitem que a fome nos países subdesenvolvidos, como um dos traços do subdesenvolvimento, é consequência do acelerado crescimento populacional. Assim, segundo essa interpretação, bastaria controlar a natalidade para alcançar o desenvolvimento e, consequentemente, eliminar a fome.

Como se pode perceber, essas ideias são um revigoramento da teoria malthusiana, pois é novamente uma tentativa de adaptar a dinâmica populacional à economia, e não a economia à dinâmica populacional. É também uma interpretação bastante comodista, que tem servido para manter as grandes disparidades sociais, pois os neomalthusianos não atacam o problema do subdesenvolvimento (e da fome) em suas raízes.

Apenas tratam das consequências e não de suas causas. Não consideram o subdesenvolvimento, e todas as suas implicações sociais, econômicas e políticas, como resultado da dominação econômica, financeira, política e cultural dos países capitalistas centrais e das classes dirigentes locais (em associação ou não com os interesses externos). Não levam em conta que existe, determinada pelos países desenvolvidos, uma ordem econômica mundial, uma globalização econômica financeira e uma liberalização do comércio, que somente a estes têm beneficiado. Não consideram que os países desenvolvidos exercem, em âmbito mundial, uma grande polarização da riqueza graças a injustas trocas comerciais.

Somado a tudo isso, os neomalthusianos acreditam que haverá um aumento da renda *per capita* da população se houver o controle da natalidade. É a mesma coisa que dizer: "Mate um brasileiro e aumente a sua renda *per capita*"[16]. Deixam, assim, de considerar o problema da distribuição da renda e da terra, enfim da riqueza, que nos países subdesenvolvidos apresenta níveis de concentração escandalosos.

A fome e a renda são as duas faces de uma mesma moeda, ou seja, não estão dissociadas. Entre o alimento e a necessidade que o ser humano tem de se alimentar interpõe-se o dinheiro. No caso das populações urbanas, a alimentação de uma pessoa é diretamente proporcional a sua renda. Quanto aos camponeses, o problema vai além da renda; relaciona-se também com o acesso à terra, aos meios de produção, à estrutura fundiária e a outros aspectos, como será analisado posteriormente.

Cumpre, ainda, lembrar que o neomalthusianismo encerra ideias nascidas nos centros acadêmicos dos países desenvolvidos, principalmente dos EUA. Essas ideias e muitas outras têm sido exportadas e largamente assimiladas e colocadas em prática pelas ciências sociais dos países subdesenvolvidos. A dominação econômica conduz à dominação cultural e de ideias. No passado, por exemplo, durante séculos, a humanidade foi dividida entre cristãos e pagãos. Posteriormente, em "civilizados" e "selvagens", cabendo, entretanto, sempre aos primeiros uma superioridade in-

[16] Kloetzel, Kurt. *A questão do controle da natalidade*. São Paulo, Brasiliense, 1985. p. 54.

discutível sobre os segundos. Além disso, os "civilizados" consideravam-se os civilizadores ou portadores de uma missão civilizadora a cumprir em todo o mundo, pois sempre se julgaram mais competentes, mais aptos. Sempre ditaram normas, hábitos, teorias, valores, ideologias, enfim o seu modo de vida, que deveria ser seguido por todos.

Controle da natalidade: benefício para quem? Quais as intenções?

Escudadas na teoria malthusiana, com o objetivo de dar uma conotação econômico-científica à questão do crescimento populacional, as campanhas de controle da natalidade — chamado por alguns eufemisticamente de planejamento familiar — estenderam-se pelos vários cantos do mundo subdesenvolvido a partir da década de 1950.

Na Índia, por exemplo, patrocinado por entidades ditas filantrópicas dos países desenvolvidos, o governo instituiu, a partir de 1956, o controle da natalidade, utilizando várias estratégias: criação de unidades de esterilização em massa, distribuição gratuita de pílulas anticoncepcionais (surgidas no início da década de 1960 e testadas primeiramente em Porto Rico), não-concessão de licença-maternidade às trabalhadoras que viessem a ter filhos, além de intensa campanha publicitária. Para atrair as pessoas às práticas cirúrgicas de esterilização, tanto do homem quanto da mulher — principalmente analfabetos pobres ou miseráveis e sem noção precisa do que se tratava — utilizou-se o expediente de se oferecer uma gratificação em dinheiro, roupas, medicamentos e até mesmo aparelhos portáteis de rádio. Tal procedimento representa, indiscutivelmente, uma brutal manipulação da ignorância e do desespero das famílias e, sobretudo, um desrespeito à dignidade humana.

Entre 1956 e 1966 o número de esterilizações masculinas na Índia foi de 1.666.000, e as femininas somaram 446.000, o que corresponde a um total de 2.122.000[17].

[17] Gallo, Jorge Ivan Hüber. *O mito da explosão demográfica*, Rio de Janeiro, Paz e Terra, 1970, p.164.

Os resultados previstos, no entanto, não foram alcançados. Esperava-se que a taxa de natalidade caísse para 25‰ em 1980-81, no entanto, ela manteve-se alta, em torno de 38‰. Somente declinou para 25‰ por volta de 1998. Esse resultado é perfeitamente compreensível, considerando-se que o problema não foi enfrentado em suas raízes (educação, repartição da renda, estrutura da propriedade da terra etc.), mas apenas em relação às consequências. O subdesenvolvimento continuou, bem como a miséria e a fome. Assim, tanto o crescimento populacional como a fome são apenas sintomas de uma doença social chamada pobreza ou da falta de justiça social.

Nos outros países subdesenvolvidos que também implantaram o controle da natalidade, as metas traçadas para o declínio das taxas de natalidade ou de fecundidade, a exemplo da Índia, também não foram alcançadas. Faz exceção a China. Na década da 1970, o Estado colocou em marcha uma rígida política de planejamento familiar: casamento e procriação tardios de apenas um filho por casal (no campo ou na atividade rural foi permitido o segundo filho), além de severas punições para o casal que não respeitasse a política demográfica estatal. Na condição de Estado politicamente centralizado e autoritário (regime de um só partido, o Partido Comunista Chinês ou ditadura de Estado), este impôs de cima para baixo o controle da natalidade por meio de uma legislação unilateral e punitiva. Nessas circunstâncias, ou seja, sem nenhuma possibilidade de escolha ou de liberdade, a sociedade chinesa reduziu a taxa de natalidade de forma expressiva: 34,11‰ em 1969, para 15,2 ‰ em 1999, repercutindo, consequentemente, em seu crescimento demográfico (de 26‰ em 1969, para apenas 0,8‰ em 1999). Entretanto, faz-se necessário, aqui, ressaltar que a extinção da fome na China não se deve particularmente à redução das taxas de natalidade, e sim às sucessivas e profundas reformas implantadas na sua economia, sobretudo na sua estrutura produtiva agrícola.

As extensas campanhas de controle da natalidade — *birth control* —, colocadas em prática no mundo subdesenvolvido a partir da década de 1950, tiveram o apoio de governos, de fundações como a Rockefeller e a Ford e de associações particulares, como a The Population Council (O Conselho da População), a International Planned Parenthood Federation (Federeção Internacional de Planejamento da Família) etc.

Além das iniciativas privadas em favor do controle da natalidade, os governos de alguns países desenvolvidos, liderados pelos Estados Unidos, assumiram a visão neomalthusiana. Segundo declarações do governo desses países, a explosão populacional estanca o desenvolvimento econômico, gerando miséria, fome e pobreza, e de nada adianta correr a ajudar os países subdesenvolvidos, enquanto estes não adotarem uma política de controle da natalidade.

Em 1953, John Rock, um renomado médico norte-americano, mostrava em seu livro *Natality control* (Controle da natalidade) a necessidade de se tomar uma posição firme para conter a natalidade. Isso seria necessário, segundo ele, porque o subdesenvolvimento de muitas nações não poderia ser superado enquanto persistisse o grande crescimento populacional. Justificava, ainda, a sua argumentação afirmando que "é evidente que nós, como nação, temos nos colocado na posição realista de que nossa própria segurança se acha relacionada com o êxito desses esforços".[18]

As ideias do Dr. John Rock influenciaram de modo marcante os presidentes dos Estados Unidos que se sucederam no poder entre 1953 e 1977 (D. Eisenhover, J. F. Kennedy, L. Johnson, R. Nixon e G. Ford): assumiram de forma velada ou abertamente uma posição favorável à questão. Em 1965, o presidente Lyndon Johnson, falando aos delegados da ONU, assim enfatizou: "Cinco dólares investidos com o propósito de limitar o crescimento populacional valem tanto quanto cem dólares destinados ao progresso econômico".[19]

A partir de 1967, os anovulatórios, que faziam parte do rol dos produtos que não podiam ser utilizados nos programas de ajuda exterior realizados pelos Estados Unidos, foram liberados.

---

[18] Rock, John. *Controle da natalidade*. Barcelona, Editorial Seix Barral, 1964. p. 195.

[19] Gallo, Jorge Ivan Hüber, op cit., p. 81.

Por meio da Associação Internacional de Desenvolvimento (AID, International Development Association), os países eram informados de que aquele que solicitasse as pílulas anticoncepcionais receberia os fundos necessários para adquiri-las. Só que a compra das pílulas ou das substâncias que entram na sua composição, para serem elaboradas no país importador, deveria ser feita nas indústrias farmacêuticas e químicas norte-americanas.

As campanhas de controle da natalidade estenderam-se então pelos vários cantos do mundo subdesenvolvido, apoiadas abertamente pelo governo norte-americano. Passou até mesmo a ser comum, nas relações internacionais, os EUA condicionarem sua ajuda financeira e técnica aos países subdesenvolvidos à implantação, por parte destes, de uma política interna de controle da natalidade. Várias revistas norte-americanas participaram intensamente da divulgação dessas campanhas, como, por exemplo, a *Reader's Digest* (*Seleções*, em português) e a *Life*, cujas publicações, em vários idiomas, difundiram por muitos países o controle da natalidade.

Houve oposição da Igreja Católica dos EUA e de alguns setores da opinião pública norte-americana, mas isso não impediu que os programas de ajuda financeira para o controle da natalidade crescessem espantosamente no final da década de 1960 e nas seguintes.

O uso da pílula anticoncepcional difundiu-se espetacularmente em todo o mundo. As empresas farmacêuticas iniciaram a sua produção em larga escala. Não se sabe ao certo a quantidade de pílulas comercializadas anualmente — nem é do interesse dos fabricantes divulgar os dados —, mas os ganhos obtidos têm sido altos. Com isso, não resta dúvida de que, por trás dessas campanhas, sempre existiram grandes interesses econômicos e comerciais.

Antes que se possam levantar alguns questionamentos em relação ao controle da natalidade e às pílulas anticoncepcionais, da forma como foi tratada anteriormente, façamos uma ressalva. Não se pode ignorar que determinadas pessoas ou entidades abraçam as campanhas de controle da natalidade com boa-fé e interessadas realmente em melhorar as condições de vida de milhões de seres humanos. Não se pode também ignorar a importância das pílulas anticoncepcionais como uma conquista da ciência colocada à disposição das mulheres para que pudessem escolher livremente se desejam ou não ter filhos. Entretanto, não se pode ser ingênuo a ponto de pensar que não existem muitas forças interessadas em usar o controle da natalidade com objetivos políticos, econômicos, financeiros e até mesmo geopolíticos.

Não se pretende discutir aqui a validade ou não do controle da natalidade como instrumento de ordenação da dinâmica populacional. O que está realmente em pauta é a insistência dos organismos internacionais, entre eles a ONU, e suas respectivas agências especializadas (FAO, OMS, Banco Mundial, FMI etc.), fundações e associações particulares já citadas anteriormente, em pregar, nos últimos 50 anos, que o crescimento populacional é a causa da pobreza e da fome e que o controle da natalidade é a chave para o rompimento dessa situação.

A questão colocada dessa forma é cômoda e simplista. Simplista porque reduz um problema complexo a apenas uma variável — o crescimento populacional. Cômoda porque atribui ao pobre a responsabilidade por sua condição. E, além disso, cria um sentimento de culpa no despossuído. Que ele e sua prole são culpados pela penúria em que vivem. Que a sua tragédia é criada por ele próprio... Que as precárias condições sociais em que vive são resultado de sua incapacidade de produzir riquezas e de ascender na pirâmide social...

Como toda ideologia, essa ideologia demográfica possui uma imagem invertida da realidade. Serviu admiravelmente para ocultar as reais causas da pobreza e da fome.

É o caso de perguntar: por que questões que dizem respeito aos poucos investimentos públicos em educação, à persistência de estruturas sociais conservadoras, à concentração da terra e da renda, à injusta e antidemocrática estrutura fundiária, ao difícil acesso aos meios de produção pelos trabalhadores rurais e pelos sem-terra, à influência das transnacionais de alimentos na produção agrícola e nos hábitos alimentares, à canalização de vultosos recursos financeiros e humanos para a produção de materiais bélicos, enquanto milhões de seres humanos são desnutridos e morrem de inanição, à malversação ou desvio do dinheiro público, à impunidade nos altos escalões da administração pública e privada, à falta de saneamento básico, à relação entre a dívida externa dos países subdesenvolvidos e à deterioração do nível de vida e alimentar de suas populações, à livre circulação de capitais financeiros especulativos e seus efeitos sobre as sociedades do mundo subdesenvolvido, e muitas outras questões não são debatidas e resolvidas, para que se tenha justiça social?

Porque isso implica, em termos nacionais, mudanças nas estruturas sociais conservadoras. Em termos mundiais, porque implica a criação de uma nova ordem global, pautada na cooperação, solidariedade e ética e não pela lógica dominante da economia e do mercado regida pela competição e pela lei do mais forte.

Ambas, contudo, representam a perda de privilégios e de hegemonias, ou ainda, de relações de dominação e exploração que têm prevalecido historicamente. Assim, não há nenhum interesse em discutir esses temas ou colocá-los em pauta.

A pobreza e, consequentemente, a fome são as causas do crescimento populacional mais acelerado dos países subdesenvolvidos, ao contrário do que prega o neomalthusianismo ao afirmar que o crescimento populacional é causa da pobreza e da fome.

Os países desenvolvidos tiveram altas taxas de natalidade no passado. Mas, à medida que as condições de vida de suas populações melhoraram, não só as taxas de natalidade decresceram como também as de mortalidade. Passaram do segundo nível da transição demográfica para o terceiro, conforme já foi citado anteriormente.

Que intenções estariam, então, escondidas ou embutidas na política de controle da natalidade? Seria, talvez, o medo de que o aumento do número dos famintos e miseráveis comprometa o padrão de vida material das classes ricas e do próprio mundo desenvolvido? Ou o temor de que o aprofundamento da miséria e da desesperança possa levar multidões a verem a rebelião social como única saída para sua tragédia? Ou ainda não haveria grandes interesses comerciais envolvidos e beneficiando-se amplamente dos programas de controle da natalidade?

Em 1989, por exemplo, tornou-se de conhecimento público um documento confidencial, concluído em 1974, destinado ao Departamento de Estado dos Estados Unidos, cujo título é "Implicações do Crescimento da População Mundial para a Segurança e os Interesses dos Estados Unidos". Foi elaborado pela equipe de Henry Kissinger, secretário de Estado dos Estados Unidos na época. Conhecido como Relatório Kissinger, sugere políticas e estratégias que devem ser implantadas pelo governo dos Estados Unidos no mundo subdesenvolvido, com o objetivo de conter o crescimento populacional, por meio do controle da natalidade, utilizando para tanto o nome de "serviços de planejamento familiar". Trechos do Relatório apontam:

> (...) A economia dos Estados Unidos exigirá, cada vez mais, grandes quantidades de minerais do exterior, principalmente dos países menos desenvolvidos. Consequentemente, é do interesse dos Estados Unidos a estabilidade política, econômica e social dos países fornecedores. Sempre que se diminui a pressão da população por meio da redução da taxa de natalidade aumenta-se a perspectiva de tal estabilidade; uma política de população se torna importante para o suprimento de recursos e para os interesses econômicos dos Estados Unidos.[20]

O Relatório afirma ainda que é importante que os líderes dos países menos desenvolvidos compreendam que o crescimento populacional sem controle é negativo e que é possível lidar com esse problema por meio de ações governamentais. Para que os Estados Unidos não sejam acusados de imperialistas, em vista de seu apoio à política demográfica controlista ou antinatalista, o Relatório propõe que se deve declarar reiteradamente, aos países menos desenvolvidos, que existe a preocupação estadunidense com o "direito de cada casal determinar livre-

[20] Trecho extraído do *site* www.transvie.com. e traduzido para ser inserido neste livro.

mente e de maneira responsável o número e o espaçamento de seus filhos e o direito de terem informações, educação e meios para realizar isso".

Apesar de corresponderem apenas a extratos do Relatório, esses textos permitem, contudo, que percebamos as reais intenções da superpotência. Não se trata de atitude humanitária e muito menos de preocupação com as condições sociais e econômicas do mundo subdesenvolvido ou com o seu destino. Mesmo quando menciona que cada casal deve ser livre para decidir o número de filhos, percebe-se que essa alusão, no conjunto do Relatório, é realizada como subterfúgio para "amaciar" o objetivo maior aí contido, ou seja, o de se conseguir a estabilidade política, econômica e social por meio do controle da natalidade. Vê-se que o rápido crescimento populacional é, assim entendido, como um fator de explosão social ou que encerra em si um potencial revolucionário. A preocupação norte-americana está dirigida para atender ao seu suprimento de recursos, portanto indo ao encontro, fundamentalmente, dos seus interesses e não aos do mundo subdesenvolvido.

O documento recomenda ainda que a assistência para o controle da natalidade ou aos "serviços de planejamento familiar" deve ser canalizado principalmente para países subdesenvolvidos de maior crescimento populacional e onde os Estados Unidos têm especiais interesses estratégicos. Quais são esses países? Bangladesh, Brasil, Colômbia, Egito, Etiópia, Filipinas, Índia, Indonésia, México, Nigéria, Paquistão, Tailândia e Turquia.

Quando da elaboração do Relatório (1974), é interessante considerar, o mundo vivia sob a Guerra Fria. Havia uma bipolaridade geopolítica entre os Estados Unidos e a União Soviética. Cada uma das superpotências disputava entre si áreas de influência no mundo. Utilizavam-se, para tanto, de várias estratégias. A União Soviética não se servia da questão do controle da natalidade, pois essa tese contrariava o pensamento marxista, que sempre advogou que um regime social adequado é capaz de superar qualquer aumento demográfico e que superpopulação é atributo do capitalismo, sistema que sobrevive servindo-se do desemprego (exército industrial de reserva). Mas, por outro lado, os Estados Unidos viam no controle da natalidade não só uma estratégia para salvaguardar a sua economia em expansão, mas também um modo de se fazer mais presente no mundo subdesenvolvido, por meio da disponibilização de recursos financeiros para tal fim. Sabe-se, contudo, que quem financia quer algum ganho em contrapartida.

Assim, a pretexto de controlar o crescimento populacional como causa da pobreza e da fome no mundo subdesenvolvido e como ameaça à ordem social e econômica, não só dos países menos desenvolvidos, mas também dos países desenvolvidos, as vendas de pílulas anticoncepcionais, as campanhas de esterilização em massa e outros métodos contraconceptivos não naturais cresceram extraordinariamente na segunda metade do século XX. Mas, se por um lado aumentou o faturamento dos fabricantes das pílulas anticoncepcionais, dos dispositivos intrauterinos (DIU), por outro não se alterou a situação de pobreza das populações dos países subdesenvolvidos; pior ainda, a pobreza em muitos deles aumentou.

3. A questão populacional no Brasil e o planejamento familiar

O SIMPLES FATO DE TEREM OS RICOS E PODEROSOS DEMONSTRADO TAMANHO INTERESSE EM LIMITAR AS TAXAS DE NATALIDADE DOS POBRES E OPRIMIDOS DEVERIA POR SI SÓ DESPERTAR AS NOSSAS SUSPEITAS.[21]

O Brasil, a exemplo de outros países do mundo subdesenvolvido, apresentou um crescimento populacional mais acelerado nas décadas de 1950 e 1960.

O maior crescimento populacional dessas décadas ocorreu em razão da persistência das altas taxas brutas de natalidade e do declínio das taxas brutas de mortalidade, resultando dessa relação um grande crescimento natural ou vegetativo da população. A explicação para a queda das taxas brutas de mortalidade é encontrada, de modo geral, numa conjunção de fatores entre os quais se destaca a revolução da tecnologia bioquímica, ou seja, os progressos da medicina no campo da terapêutica e a melhoria das condições sanitárias.

21 George, Susan. *O mercado da fome — as verdadeiras razões da fome no mundo*. Rio de Janeiro, Paz e Terra, 1978. p. 52.

A descoberta da penicilina pelo cientista escocês Alexander Fleming, em 1928, mas com adequação para a sua utilização terapêutica no início da Segunda Guerra Mundial, abriu novas portas ou perspectivas para a pesquisa bioquímica. Possibilitou o aparecimento de antibióticos e quimioterápicos, que provocaram uma verdadeira revolução no tratamento de várias doenças. Esse acontecimento, juntamente com as campanhas de vacinação em massa e melhorias no saneamento básico, influíram decisivamente na redução das taxas de mortalidade.

O declínio das taxas brutas de natalidade, por sua vez, decorre de transformações socioeconômicas e culturais verificadas no Brasil, a partir dos anos 1960, destacando-se a industrialização, a urbanização e ao maior ingresso das mulheres no mercado de trabalho. Já nas décadas seguintes, a generalização do uso de anticoncepcionais, a prática de esterilizações ou laqueaduras, juntamente com a continuidade do processo de urbanização e de mudanças culturais significativas na sociedade brasileira, consolidaram a tendência de redução das taxas brutas de natalidade e de fecundidade.

A taxa de fecundidade total, isto é, a relação entre o número de crianças com menos de 5 anos de idade e o número de mulheres em idade reprodutiva

TABELA 5. BRASIL — TAXA DE FECUNDIDADE TOTAL (1940-2000)

Ano	Taxa de fecundidade total
1940	6,16
1950	6,21
1960	6,28
1970	5,76
1980	4,35
1991	2,72
2000	2,30
2005*	2,20
2010	2,16
2020	2,13

* 2005, 2010 e 2020 correspondem a projeções do IBGE.

Fontes IBGE, *Anuário Estatístico do Brasil*, 1992, p. 231 e 2000, p. 2-59.

(entre 15 e 49 anos), vem declinando no Brasil, desde 1970, conforme atestam os dados da tabela 5 comprovando, assim, a queda da natalidade.

O gráfico 2 e a tabela que o acompanha expressam as taxas brutas de natalidade e de mortalidade e o crescimento natural ou vegetativo da população do Brasil, entre os anos de 1872 e 2000, datas respectivamente do primeiro e do último recenseamento demográfico. Permitem também que seja observado o comportamento demográfico no decorrer dos censos. Tanto no gráfico quanto na tabela, pode-se notar que, no intervalo aí expresso, o crescimento natural da população do Brasil, após apresentar taxas elevadas nos períodos de 1951-60 e 1961-70, começou a declinar a partir da década de 1970. E ainda, segundo projeções do *Instituto Brasileiro de geografia e Estatística* (IBGE), a tendência de declínio deverá continuar nos próximos anos, quando, então, a população brasileira completará a sua transição demográfica.

GRÁFICO 2: BRASIL — TAXAS BRUTAS DE NATALIDADE, DE MORTALIDADE E DE CRESCIMENTO NATURAL DA POPULAÇÃO (1872-2010)* (EM %)

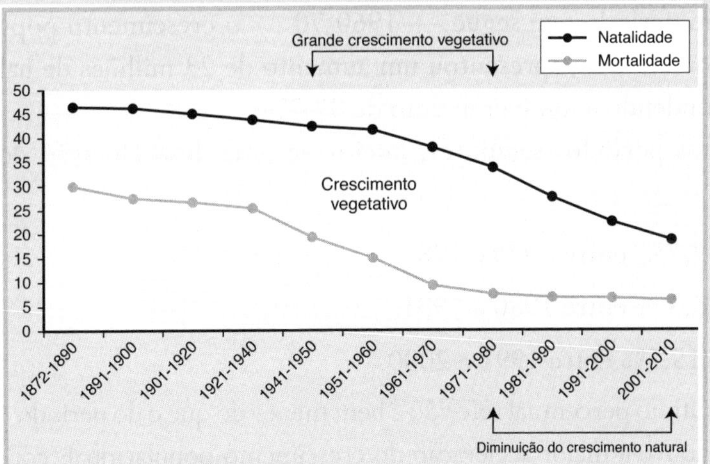

* Segundo recenseamentos (1872 a 2000) e projeções (2001 a 2010).

Fontes: IBGE, *Anuário Estatístico do Brasil*, 1995, p. 2-69; 1993, p. 2-29 e 2000, p. 2-59; Carvalho, Alceu Vicente W. de *A população brasileira: estudo e interpretação*, Rio de Janeiro, IBGE, 1960, p. 21; Hugon, Paul. *Demografia brasileira:* ensaio de demoeconomia brasileira, Atlas e Edusp, São Paulo, 1973., p. 127 e 133.

TAXAS BRUTAS POR MIL			
Períodos	**Natalidade**	**Mortalidade**	**Crescimento natural**
1872-1890	46,5	30,2	16,3
1891-1900	46,0	27,8	18,2
1901-1920	45,0	26,4	18,6
1921-1940	44,0	25,3	18,7
1941-1950	43,5	19,7	23,8
1951-1960	41,5	15,0	26,5
1961-1970	37,5	9,4	28,3
1971-1980	34,0	8,0	26,0
1981-1990	27,1	7,8	19,6
1991-2000	22,0	7,2	14,8
2001-2010	19,0	7,0	12,3

Com o intuito de reforçar as considerações que fizemos anteriormente, podemos também observar os dados da tabela 6 e do gráfico 3:

• de 1950 a 1960, a população brasileira cresceu em valores absolutos cerca de 18 milhões de habitantes, o que correspondeu a um acréscimo de 35,5%, o mais elevado entre os períodos considerados;

• no período que segue — 1960-70 — o crescimento populacional continuou elevado; apresentou um aumento de 23 milhões de habitantes, correspondendo a um incremento de 32,7%;

• nos períodos seguintes, iniciou-se uma desaceleração do crescimento:

- 27,7% entre 1970 e 1980;

- 23,3 % entre 1980 e 1991;

- e 15,5% entre 1991 e 2000.

O último percentual referido é bem menor do que o do período 1950-60, quando houve a maior aceleração do crescimento populacional; corresponde a menos da metade, ou seja, passou de 35,5% para 15,5%. Para os próximos 20 anos do século XXI, o IBGE projeta uma diminuição do crescimento populacional brasileiro, conforme pode ser visto no gráfico 3.

TABELA 6. BRASIL — POPULAÇÃO SEGUNDO OS RECENSEAMENTOS

Ano	População
1872	9.930.478
1890	14.333.915
1900	17.438.434
1920	30.635.605
1940	41.165.289
1950	51.941.767
1960	70.070.457
1970	93.139.037
1980	119.002.706
1991	146.825.475
2000	169.590.693

Fonte: IBGE. *Censo Demográfico*, 2000. p. 1-24.

GRÁFICO 3: CRESCIMENTO DA POPULAÇÃO EM PORCENTAGEM, SEGUNDO OS CENSOS (1872-2000) E PROJEÇÕES (EM %)

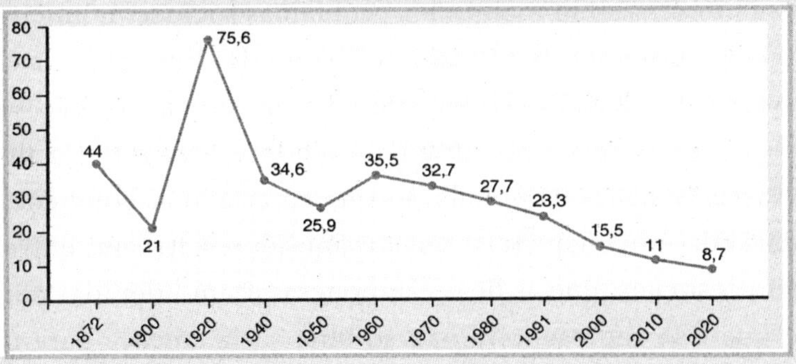

Fonte: IBGE. *Censo Demográfico*, 2000. p. 1-24. (Cálculos em porcentagem do autor.)

Obs: (1) Nos anos 1910 e 1930, o Brasil não realizou censos demográficos. (2) O maior crescimento populacional entre 1872 e 1890, 1900 e 1920 e 1920 e 1940 é explicado pela contribuição das correntes imigratórias para o Brasil. Após 1940, contudo, a imigração tornou-se um fator de secundária importância no crescimento populacional brasileiro.

Como a questão populacional, ou mais particularmente o crescimento populacional, foi tratada no Brasil, oficial e extraoficialmente, após 1950?

O resultado do censo demográfico de 1950, acusando um contingente populacional de quase 52 milhões de habitantes, foi recebido com entusiasmo pelo governo federal. Getúlio Vargas, presidente da república na época, manifestou seu contentamento, referindo-se ao fato como uma necessidade para a grandeza do Brasil. Mostrava, assim, a sua postura pró-natalista, reafirmando a posição que tradicionalmente já existia no Brasil, desde o século XIX.

Com a Revolução Cubana de 1959, seguida da implantação do socialismo, as relações dos Estados Unidos com a América Latina sofreram alterações. Se antes as relações eram pontuais e bilaterais, isto é, de país para país, após a Revolução Cubana, tornaram-se hemisféricas, privilegiando a questão da segurança continental. Foi nesse contexto que em 1961, durante o governo Kennedy, foi instituída pelos Estados Unidos a Aliança para o Progresso, um programa de ajuda financeira e técnica para a América Latina combater a pobreza e, principalmente, impedir a "exportação" da Revolução Cubana para outros países latino-americanos. A chamada ameaça comunista serviu para que os Estados Unidos se interessassem mais pelos problemas socioeconômicos e políticos do subcontinente. No Brasil, por exemplo, funcionários enviados pelo governo dos Estados Unidos detectaram que a situação social no Nordeste era explosiva. Apontaram que a pobreza e a miséria ali reinantes em vastas camadas da população tinham criado as condições para o surgimento de movimentos sociais organizados. Citavam, entre outros movimentos sociais, que as ligas camponesas eram lideradas por comunistas e que isso representava não só uma séria ameaça para o Brasil, mas também para a segurança dos Estados Unidos. Até então, a questão do crescimento populacional brasileiro não tinha entrado na discussão da política externa desse país. Entretanto, somente após um conjunto de acontecimentos políticos no Brasil — renúncia do presidente Jânio Quadros, posse do vice João Goulart e os ensaios por parte de seu governo em realizar reformas de base (reforma agrária, tributária e disciplinamento de remessas de lucros para o exterior etc.), seguido pelo Golpe Militar de 31 de março de 1964 — houve um maior interesse dos Estados Unidos na questão do crescimento populacional brasileiro, considerado, na época, explosivo. Instituído o Golpe, e resolvido em parte o impasse da "ameaça comunista" pelo novo governo brasileiro — que desencadeou ações visando o seu extermínio — a preocupação com o crescimento demográfico foi incorporada, com mais vigor, na pauta da política externa dos Estados Unidos, não só em relação à América Latina, mas também em relação ao mundo.

Um relatório preparado por um alto funcionário do governo dos Estados Unidos e apresentado ao Congresso desse país, em 1965, mostrava que:

> O ano de 1965 será conhecido, no futuro, como o ano no qual o povo americano atingiu a consciência de que a situação demográfica no mundo representa uma séria e iminente ameaça para o bem-estar mundial, incluindo os Estados Unidos, e que alguma providência deve ser tomada para afastar essa ameaça.[22]

A ONU também incorporou, nesse ano, no seu universo temático e de forma mais abrangente, preocupações em torno da questão. A Segunda Conferência Mundial de População, por ela promovida, em 1965, em Belgrado, referiu-se explicitamente a métodos de planejamento familiar. Foram ali discutidas as pílulas anticoncepcionais, a esterilização, o DIU e até mesmo o aborto, como métodos de controle de crescimento populacional. A Primeira Conferência, realizada em 1954, em Roma, apesar de ter levado à pauta a preocupação com o binômio população e desenvolvimento, foi um encontro mais de caráter técnico-científico. Foi realizada em colaboração com a União Internacional para o Estudo Científico da População, reunindo, portanto, especialistas no estudo da população.

Era esse o ambiente, em largos traços, que imperava, quando da ascensão dos militares ao poder no Brasil, em 1964 (com exceção do

22 Citado por Délcio da Fonseca Sobrinho, em *Estado e população: uma história do planejamento familiar no Brasil*. Rio de Janeiro, Rosa dos Tempos/FNUAP, 1993. p. 92.

mundo socialista de então, que entendia ser a questão populacional um problema inerente ao capitalismo, decorrente das injustiças sociais criadas pelo próprio sistema).

Durante a ditadura militar a partir de 1964 e até meados dos anos 1970, coexistiram duas posições antagônicas no Brasil, quanto à questão demográfica. A primeira, abertamente natalista, propugnava que o crescimento populacional era de fundamental importância para que se pudessem ocupar os vazios demográficos. Referia-se à existência de "Dois Brasis": um da fachada atlântica, povoado, e outro, despovoado, representado, principalmente, pelas regiões Norte e Centro-Oeste, que deveriam ser povoadas, por questão de segurança nacional. Identificava-se com a posição tradicional vigente no Brasil, desde o século XIX, quando a questão populacional começou a ser preocupação de alguns intelectuais. Essa posição — a natalista — era defendida por setores militares nacionalistas, pela Igreja Católica e ainda por segmentos da esquerda. A segunda posição, a antinatalista ou controlista, influenciada pela tese neomalthusiana, pela Conferência de Belgrado (1965) e alinhada à ideologia da segurança nacional, elaborada por teóricos do governo dos Estados Unidos, entendia que "excesso populacional" era um fator de vulnerabilidade à expansão interna do comunismo. Era constituída por setores militares sorbonistas, ou seja, da Escola Superior de Guerra, que ocuparam o governo com o golpe de 1964, por economistas, por setores empresariais e ainda por profissionais da saúde, entre eles, médicos, que se declaravam defensores da prevenção do aborto criminoso, enfim, por uma aliança tecnoburocrática militar.

Há que distinguir aqui a visão de segurança nacional desenvolvida pelos militares nacionalistas e sorbonistas. Para os primeiros, a segurança nacional estava relacionada a ameaças externas, enquanto para os segundos, referia-se tanto a ameaças externas como internas. A ameaça externa representada pelo espectro do comunismo e a ameaça interna expressa pelo princípio de que todo cidadão pode ser um suspeito, pois:

> (...) se o comunismo internacional procura infiltrar-se sorrateiramente e ganhar "as mentes", qualquer cidadão pode ser contaminado pelo germe do mal. Especialmente aqueles cidadãos que são trabalhadores, recebem baixos salários e vivem famintos de justiça e de fome mesmo; também os que pensam, discutem, se preocupam com os problemas do país e do povo; e aqueles que procuram participar da vida política, que insistem em defender seus direitos e apontar injustiças. Enfim, todos estes são potencialmente perigosos...(...).[23]

Tendo por base a ideologia de segurança nacional, formulada pela Escola Superior de Guerra, compreende-se por que o governo do presidente Castelo Branco, o primeiro após o golpe, e os outros que se seguiram, adotaram o binômio "segurança e desenvolvimento".

É interessante observar, nessa altura das considerações, que as inquietações sociais tidas pela Doutrina de Segurança Nacional como perigosas para a ordem social por ela projetada não foram consideradas como fruto do modelo de desenvolvimento implantado no Brasil, que beneficiou uma minoria em detrimento da maioria (modernização conservadora já aludida anteriormente).

Apesar de existirem essas duas posições — natalistas e antinatalistas — nenhuma delas, contudo, conseguiu hegemonia durante as décadas de 1960 e 1970. Essa indefinição oficial levou instituições particulares a adotar medidas de controle demográfico por meio de programas ditos de planejamento familiar. Foi o caso da Bemfam — Sociedade Civil de Bem-Estar Familiar no Brasil, fundada em 1965, durante a Décima Quinta Jornada de Ginecologia e Obstetrícia, realizada no Rio de Janeiro, cuja concepção vinha ocorrendo desde 1961, influenciada pela IPPF (Internacional Planned Parenthood Federation — Federação Internacional de Planejamento Familiar), a primeira das instituições internacionais de planejamento familiar, surgida em 1952 nos Estados Unidos.

23 Martins, Roberto R. *Segurança nacional*. São Paulo, Brasiliense, 1991, p. 56 e 57.

O Estado brasileiro fechou os olhos à atuação da Bemfam. Ao mesmo tempo que não adotou oficialmente uma política demográfica controlista, permitiu que essa instituição praticasse o planejamento familiar, não só por meio da prática de um projeto educativo, mas também do uso de métodos anticoncepcionais artificiais, como as pílulas anticoncepcionais, o DIU e a esterilização.

Associada à IPPF, da qual recebia recursos para as suas atividades no Brasil, a Bemfam foi reconhecida como sendo de utilidade pública federal em 1971, no governo do general Garrastazu Médici. Em 1979, conseguiu alterar o texto do artigo 20 da Lei das Contravenções Penais, que proibia o anúncio de processo, substância ou objeto destinado a provocar aborto ou evitar gravidez. O Decreto-lei nº 6734, de 4 de dezembro de 1979, do governo do presidente João Baptista Figueiredo, passou a permitir legalmente a propaganda de anticoncepcionais no Brasil.

A polêmica em torno do binômio população *versus* desenvolvimento econômico ou população *versus* pobreza/fome atingiu o seu clímax no Brasil na segunda metade da década de 1960. Membros do Conselho Nacional de Economia, pertencentes também aos quadros da Bemfam, debatiam as suas ideias com outros segmentos da sociedade brasileira, representadas por médicos, militares, sacerdotes, jornalistas, advogados etc. Havia um ambiente de confronto de ideias entre aqueles favoráveis e desfavoráveis ao planejamento familiar de cunho controlista.

Diante das denúncias de que ocorriam esterilizações de mulheres na Amazônia, por ação de missionários dos Estados Unidos, foi constituída uma CPI (Comissão Parlamentar de Inquérito) no Congresso Nacional, em 1967, para averiguar o fato e apontar se seria oportuno ou não estabelecer uma política de controle de natalidade no Brasil. A CPI não chegou a um resultado final, em vista da situação política no país apresentar-se turbulenta na época. As edições de atos institucionais — quatro, até 1967 — que abrangiam questões de direitos políticos, cassação de mandatos legislativos, extinção de partidos políticos etc., criaram um clima de insegurança política, ofuscando a CPI e centralizando as atenções dos parlamentares, da imprensa e da sociedade brasileira no autoritarismo governamental. Nessas circunstâncias, a CPI foi arquivada.

Na Conferência Mundial de População, realizada em Bucareste, em 1974, organizada pela ONU, o embate entre natalistas e antinatalistas ou controlistas teve prosseguimento. Entre os que defendiam o controle da natalidade/planejamento familiar para efeito de desenvolvimento econômico ou que entendiam que a pobreza e a fome são consequências do elevado crescimento populacional encontrava-se o grupo dos países ocidentais desenvolvidos e os asiáticos e, entre os primeiros, a posição mais extremista era a dos Estados Unidos. Sua delegação na Conferência defendia a necessidade de se proceder a uma acentuada redução das taxas de fecundidade no mundo, destacando:

> (...) a alternativa pode estabelecer a diferença entre uma vida decente ou a morte prematura para centenas de milhões na próxima geração, ou ainda mais para a geração seguinte (...).[24]

Em posição oposta, encontravam-se os países socialistas, os africanos e latino-americanos de modo geral.

Nessa conferência, novos elementos foram incorporados às discussões: a paternidade responsável, o *status* da mulher, ou seja, que os governos devem ter a preocupação de inseri-la no processo de educação e participação na vida social, econômica, política e cultural e que todos os casais têm o direito de decidir livre e responsavelmente o número e o espaçamento de seus filhos e de ter informação, educação e meios para tal fim. Foi também incorporada às discussões a preocupação com o binômio sociedade *versus* meio ambiente, tanto no presente como no futuro, influenciado pela Conferência Mundial sobre Meio Ambiente, realizada em Es-

---

24 Citado por J. A. Lindgren Alves, em *A Conferência do Cairo sobre população*. Trecho extraído do *site* www.dhnet.org.br/direitos/militantes/lindgrenalves/alves.htm.

tocolmo em 1972. Quanto à participação brasileira na Conferência de Bucareste, a delegação do Brasil reafirmou a sua posição anterior, declarando-se, portanto, natalista. Utilizando o discurso dos militares nacionalistas, afirmou que o país era subpovoado, que não existia problema de superpopulação, que não aceitaria a ingerência externa na sua política demográfica e que, quanto ao controle da natalidade, esta era uma decisão que cabia ao casal ou à família e não ao governo. Entretanto, ao declarar que compete ao Estado fornecer informações e meios contraceptivos, sinalizou a possibilidade da adoção oficial do planejamento familiar, o que viria a ocorrer somente em 1983, com o PAISM (Programa de Assistência Integral à Saúde da Mulher).

Na segunda metade da década de 1970, a questão do controle ou não da natalidade continuou sendo bastante discutida no Brasil. De um lado, a Igreja Católica defendia os métodos naturais de anticoncepção e condenava os artificiais; de outro, os militares sorbonistas pregavam o controle da natalidade; um terceiro grupo ainda, o dos movimentos organizados femininos, aceitavam uma política demográfica oficial, desde que respeitasse o direito da mulher de decidir livremente o número de sua prole.

Apesar dessa conjuntura, a Bemfam atuava em vários cantos do país, por meio de convênios com os estados e prefeituras, exercendo o controle da natalidade. Havia, na verdade, uma política implícita de regulação (da natalidade) em que o governo não atuava, mas permitia a ação das instituições de agências nacionais e internacionais.

Como entidade de caráter civil, não havia apenas a Bemfam agindo no Brasil na década de 1970 e 1980. Muitas outras subsidiadas por recursos financeiros internacionais agiam, como é o caso do CPAIMC (Centro de Pesquisa e Assistência Integrada à Mulher e à Criança), que apesar de afirmar que seu principal objetivo era o de promover a assistência à saúde da mulher, exercia o controle da natalidade sob o rótulo de planejamento familiar, praticando esterilizações cirúrgicas, como foi verificado pela Comissão Parlamentar Mista de Inquérito, instituída em 1991 e presidida pela então deputada Benedita da Silva.

A questão do controle populacional atravessou vários governos militares, sem, contudo, ter uma definição oficial. Somente durante o governo do presidente João Baptista Figueiredo, em 1983, o Ministério da Saúde incorporou às suas atribuições o planejamento familiar, com a criação do já mencionado PAISM. E isso ocorreu num momento em que as taxas de fecundidade no Brasil se apresentavam em franco declínio. O país assistia a sua transição demográfica, como bem observou Amaury de Souza:

> (...) Na história recente, a redução da fecundidade tem raízes na crescente monetização da economia, expressando a substituição progressiva de formas familiares de produção para o autoconsumo pela venda direta da força de trabalho no mercado. Esse processo, deflagrado pela industrialização, associa-se à perda da importância dos filhos como forma de aumentar a renda corrente ou de garantir o sustento futuro dos pais e ao aumento da participação feminina na força de trabalho, bem como ao abandono da produção doméstica de valores de uso em favor do consumo de bens industriais (...).[25]

No ano de 1984, portanto logo após o governo brasileiro ter introduzido o planejamento familiar no serviço público de saúde, foi realizada a Quarta Conferência Mundial de População, no México. A delegação brasileira ali presente comunicou que o governo brasileiro tinha aprovado, no ano anterior, a integração do planejamento familiar à rede pública de saúde. O tema crescimento populacional *versus* desenvolvimento econômico continuou ainda bastante vivo nessa Conferência. Constam, de sua abertura, as seguintes palavras:

[25] Souza, Amaury de. População e política populacional no Brasil: uma resenha de estudos recentes. *O que se deve ler em Ciências Sociais no Brasil?* São Paulo, Cortez/ANPOCS, 1986. p. 186.

> (...) são pela estabilização da população mundial, dentro do mais rápido período possível, para permitir a melhoria do padrão de vida dos países em desenvolvimento (...).[26]

Como pode ser percebido, continuava-se insistindo no antigo binômio, sem se referir concretamente ao que ocorre, ou seja, que a pobreza e a fome resultam do modelo político e econômico vigentes tanto no plano dos Estados como no das relações internacionais.

Mesmo com a criação do PAISM, faltava, contudo, a inserção da questão do planejamento familiar na Constituição Federal do Brasil, para que se definisse a política demográfica oficial do Estado. Isso ocorreu na Constituição de 1988, na qual se lê no Artigo 226, Parágrafo 7:

> Fundado nos princípios da dignidade da pessoa humana e da paternidade responsável, o planejamento familiar é livre decisão do casal, competindo ao Estado propiciar recursos educacionais e científicos para o exercício desse direito, vedada qualquer forma coerciva por parte de instituições oficiais ou privadas.[27]

A constituição de 1988 colocou, assim, um ponto final no embate entre controlistas e natalistas, pelo menos no Brasil.

Na década de 1990, a preocupação com o crescimento populacional como entrave para o desenvolvimento/crescimento econômico ou como causa da pobreza não desapareceu da cena mundial, mas perdeu a sua força anterior.

A Quinta Conferência Mundial de População, realizada em 1994, no Cairo, deu um passo importante ao tratamento da questão. Enquanto as conferências anteriores insistiam que era atribuição do Estado adotar políticas controlistas de população, a Conferência do Cairo rompeu

---

[26]Trecho extraído do *site* do Fundo das Nações Unidas para a População: www.fnuap.org.br/estrut/serv/cipd/ , 6 jun. 2003. p.1.

[27]Trecho extraído do *site* www.senado.gov.br .

com essa posição, dando ênfase aos direitos humanos, ou seja, o direito que todos os casais e indivíduos têm de decidir livre e responsavelmente o número, o espaçamento e a época de ter seus filhos, cabendo, entretanto, ao Estado a obrigação de assegurar-lhes os meios para exercê-lo. Passou-se, assim, das abordagens estatizantes ou centralizadas para as liberalizantes ou descentralizadas. Foi, sem dúvida, uma grande conquista, pois se excluiu da esfera estatal a atribuição do gerenciamento do controle populacional, transferindo-o para a esfera pessoal, respeitando-se, assim, os direitos individuais. Significou, também, a contestação do autoritarismo do Estado e de países desenvolvidos desejosos de impor limites de crescimento populacional para os países subdesenvolvidos.

Diante da gravidade mundial dos problemas ambientais, a Conferência do Cairo destacou, também, em sua pauta, a interdependência existente entre estabilização populacional e desenvolvimento sustentável, ou seja, que é necessário reduzir a pressão que o crescimento populacional representa para os recursos naturais e para o meio ambiente. Vê-se que a questão do crescimento populacional não desapareceu das discussões. A ela foi incorporado um outro elemento para formar um novo binômio: crescimento populacional *versus* meio ambiente. Não se pode negar que a preocupação é procedente. Afinal, existem milhares de exemplos concretos em todo o mundo de destruição de ecossistemas, de degradação de solos, de mudanças climáticas, de desmatamento, de esgotamento de aquíferos, de impactos ambientais urbanos etc. provocados pelos seres humanos. Entretanto, é ingenuidade ver essas questões apenas como resultado do crescimento populacional e não levar em conta o modelo de desenvolvimento existente, calcado na sociedade de consumo e no fato de que são os países desenvolvidos os grandes consumidores dos recursos naturais (os Estados Unidos negaram-se, por exemplo, a assinar o Protocolo de Kyoto, destinado a reduzir a emissão de gás carbônico para a atmosfera, um dos gases responsáveis pelo efeito estufa, alegando que tal medida comprometeria o desenvolvimento de sua economia).

No interior da sociedade brasileira, mesmo antes da Conferência do Cairo, o direito reprodutivo, como vimos, já era reconhecido oficialmente, mas permaneciam, contudo, pressões para que a esterilização cirúrgica fosse regulamentada. Faltava uma lei para tal fim, como também a incorporação desse procedimento no serviço público de saúde. A prática da laqueadura tubária (esterilização feminina) já era comum no Brasil desde a década de 1970, apesar de sua proibição legal (Artigo 129 do Código Penal). Não se proibia especificamente a esterilização e sim a mutilação física. Mas, à medida que a esterilização era entendida como lesão corporal, ela se tornava passível de ser punida ou enquadrada no Artigo 129 do Código Penal. Também o Código Brasileiro de Ética Médica a condenava, com exceção de casos particulares. Mesmo assim, as esterilizações cirúrgicas eram largamente realizadas no Brasil. Para as camadas da população mais favorecidas economicamente, as esterilizações cirúrgicas femininas eram realizadas em partos cesáreos ou em hospitalizações das pacientes com diagnósticos disfarçados. No âmbito do INPS (Instituto Nacional de Previdência Social), na época, hoje INSS (Instituto Nacional de Seguridade Social), eram também realizadas, de forma velada, no decorrer do parto cesariano, fato que ajuda a explicar o porquê de o Brasil possuir uma das maiores taxas mundiais de parto por meio desse procedimento. No caso da esterilização masculina — a vasectomia —, por se tratar de uma intervenção cirúrgica mais simples, e poder ser realizada em consultórios médicos — apesar de também haver proibição legal —, esse procedimento ficou restrito àquelas pessoas com condições de arcar com os seus custos. Daí uma explicação para o número reduzido de esterilizações masculinas, quando comparado ao das femininas. Além disso, deve-se também considerar a existência da cultura machista como um fator de limitação da esterilização cirúrgica no homem.

No início da década de 1990, diante do quadro abusivo de esterilizações indiscriminadas existentes no Brasil, movimentos organizados por mulheres pressionaram o Congresso Nacional para que o assunto fosse discutido, com o objetivo de regulamentá-lo. Daí, surgiu a CPI — Comissão Mista Parlamentar de Inquérito da Esterilização, já referida anteriormente — que abriu caminho para que em 12 de janeiro de 1996 fosse criada a Lei nº 9.263 — Lei do Planejamento Familiar, da qual destacamos alguns artigos:

> Capítulo I — Do Planejamento Familiar
>
> Art.1º O planejamento familiar é direito de todo cidadão, observado o dispositivo nesta lei.
>
> Art. 2º Para fins desta Lei, entende-se planejamento familiar como o conjunto de ações de regulação da fecundidade que garanta direitos iguais de constituição, limitação ou aumento da prole pela mulher, pelo homem ou pelo casal.
>
> Parágrafo Único — É proibida a utilização das ações a que se refere o *caput* para qualquer tipo de controle demográfico.
>
> Art. 3º O planejamento familiar é parte integrante do conjunto de ações de atenção à mulher, ao homem ou ao casal, dentro de uma visão de atendimento global e integral à saúde.
>
> Parágrafo Único — As instâncias gestoras do Sistema Único de Saúde, em todos os seus níveis, na prestação das ações previstas no *caput*, obrigam-se a garantir, em toda a sua rede de serviços, no que respeita a atenção à mulher, ao homem ou ao casal, programa de atenção integral à saúde, em todos os seus ciclos vitais, que inclua, como atividades básicas, entre outras:
>
> I — a assistência à concepção e à contracepção,
>
> II — o atendimento pré-natal (...). [28]

Após conceituar planejamento familiar, no Artigo 2, esclarecendo os direitos de todo cidadão em limitar ou aumentar a prole, o Parágrafo Único desse Artigo proíbe ações para qualquer tipo de controle demográfico (entenda-se ações políticas ou do Estado em ditar ou impor o controle da natalidade), garantindo, portanto, o direito reprodutivo, princípio consagrado na Conferência Internacional de População e Desenvolvimento (CIPD) do Cairo, em 1994.

A Lei nº 9.263, no Artigo 3, Parágrafo Único, além de legalizar a esterilização cirúrgica, democratiza essa prática por meio do Sistema Único de Saúde.

---

[28] Trecho extraído do *site* www.unifesp.br/dgineco/planfamiliar/lei.htm.

Em outros artigos e parágrafos, a lei permite a esterilização voluntária em homens e mulheres maiores de 25 anos de idade ou, pelo menos, com dois filhos vivos. Mas impõe que seja observado o prazo mínimo de sessenta dias entre a manifestação da vontade e o ato cirúrgico. Durante esse período, será fornecido ao interessado aconselhamento por equipe multidisciplinar, visando desencorajar esterilização precoce. Estabelece pena de reclusão de dois a oito anos e multa, dependendo dos casos, de procedimentos que contrariem a Lei.

Até a promulgação da Constituição Brasileira de 1988, da Conferência de População e Desenvolvimento do Cairo, em 1994, e da Lei nº 9.263 de 12/1/1996, os embates entre natalistas e controlistas dominaram, em maior ou menor intensidade, as discussões sobre a dinâmica populacional no Brasil e no mundo. Salvo raras exceções, não era praticado o planejamento familiar objetivando o esclarecimento da população e a saúde da mulher e da criança. O que houve foi o controle da natalidade acobertado por interesses escusos, como foi demonstrado anteriormente, e entre eles, principalmente, o receio de que o contingente de pobres e miseráveis se avolumasse a ponto de ameaçar o bem-estar das classes sociais favorecidas e, principalmente, os interesses dos países desenvolvidos no mundo. Vergonhosamente, o Relatório Kissinger, por exemplo, também apregoava que o controle da natalidade objetivava regular aspectos hereditários das capacidades humanas, ou "o aprimoramento racial da humanidade". Vê-se que se procurou até mesmo ressuscitar teorias racistas do século XIX e início do XX para justificar o controle da natalidade. Teorias que deram sustentação ideológica ao neocolonialismo, ao imperialismo, ao fascismo e ao nazismo na sua expansão pelo mundo.

Após cerca de 40 anos de embates e da aplicação de campanhas massivas de controle de natalidade, é o caso de indagar: qual é a situação econômica e social atual das sociedades do mundo subdesenvolvido?

Provavelmente, os antinatalistas ou controlistas responderão que não é satisfatória, mas que poderia ser pior, caso não tivesse existido o controle da natalidade. Os natalistas, por sua vez, dirão que a situação social é precária porque foi ignorado o que os manuais de economia sérios ensinam, ou seja, que desenvolvimento é a "melhor pílula anticoncepcional" para uma população reduzir as taxas de fecundidade. Em outras palavras, o modelo econômico implantado na maioria dos países subdesenvolvidos foi o de crescimento[29] e não o de desenvolvimento, implicando, em consequência, a permanência e, até mesmo, o aumento da exclusão social.

Independentemente de uma ou outra resposta ou argumentação, o fato concreto é que o mundo subdesenvolvido continua envolto em pobreza e miséria e padecendo, escandalosamente, com a fome. Vale lembrar que isso ocorre num mundo onde a produção de alimentos é mais do que suficiente para garantir a todos o mínimo necessário de calorias e proteínas.

Como disse a economista Susan George, "tanto a fome como o rápido crescimento da população refletem o mesmo fracasso de um sistema político e econômico"[30].

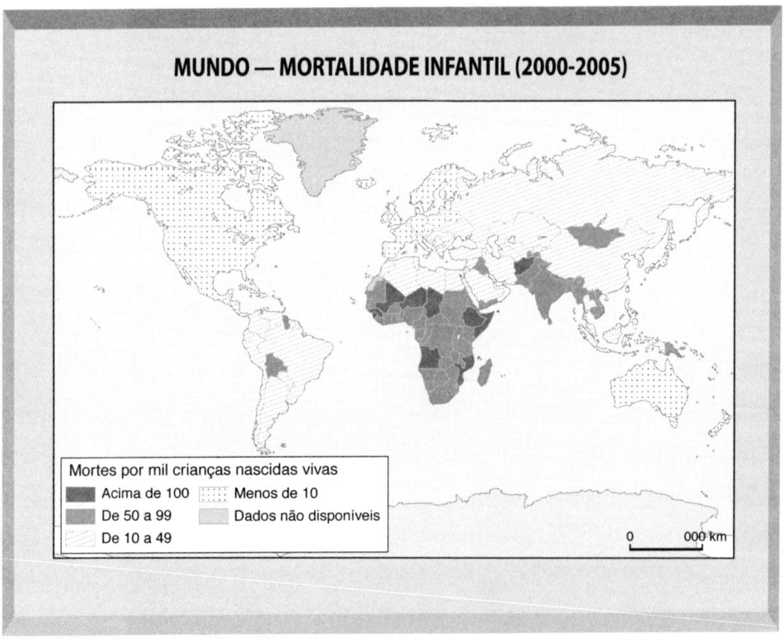

Fonte: *Situação da população mundial*, 2001, FNUAP (Fundo de População das Nações Unidas).

---

29 Com o intuito de esclarecer: entende-se por crescimento econômico o aumento da capacidade produtiva da economia e, portanto, da produção de bens de serviços de determinado país; o desenvolvimento econômico corresponde ao crescimento econômico acompanhado pela melhoria do padrão de vida da população e por alterações fundamentais na estrutura de sua economia (Sandroni, Paulo. *Novo dicionário de Economia*. Rio de Janeiro, Best-Seller, 1994).

30 Susan George. *O mercado da fome*. Rio de Janeiro, Paz e Terra, 1978. p. 56.

Parte 2

Causas da fome

4. Agricultura de exportação *versus* agricultura de produtos alimentares

O COLONIALISMO E A DIVISÃO INTERNACIONAL DA PRODUÇÃO DITADA PELO CAPITALISMO DESESTRUTURARAM AS FORMAS ORIGINAIS DE PRODUÇÃO AGRÍCOLA NA ÁSIA, ÁFRICA E AMÉRICA LATINA. A AGRICULTURA DE PRODUTOS ALIMENTARES DE SUBSISTÊNCIA FOI SUBSTITUÍDA PELA AGRICULTURA COMERCIAL DE EXPORTAÇÃO. ISSO PARA ATENDER, FUNDAMENTALMENTE, AOS INTERESSES DAS METRÓPOLES. PARA AS COLÔNIAS DELINEOU-SE, ENTRE OUTRAS COISAS, O ESPECTRO DA FOME.

Divisão internacional da produção na economia colonial

Estudar a expansão da economia colonial europeia a partir do século XV é importante para se compreender a causa da existência da fome entre os povos do mundo subdesenvolvido.

Até o século XV, o horizonte geográfico europeu limitava-se à bacia do mar Mediterrâneo. Com as grandes navegações dos séculos XV ao XVIII e com a implantação do capitalismo comercial, esse horizonte ampliou-se consideravelmente. A América, a Ásia, a África e a Oceania foram incorporadas ao mundo europeu, e o comércio tornou-se a fonte de riqueza e poder. Nas terras conquistadas foram fundadas colônias (na América e Oceania) e feitorias (na África e Ásia), e foi estabelecida pelas metrópoles europeias uma divisão internacional da produção: às colônias e feitorias cabia fornecer para suas metrópoles produtos primários (produtos agrícolas, matérias-primas, especiarias e metais preciosos) e às metrópoles, fornecer os produtos manufaturados.

Essa divisão internacional da produção continuou norteando as relações entre as metrópoles e suas colônias e feitorias, após 1750, quando foi implantado o capitalismo industrial em algumas nações europeias, nos Estados Unidos e no Japão (fase do neocolonialismo e do imperialismo).

A divisão internacional da produção deixou pelo menos duas consequências bastante significativas e opostas entre si:

1ª) Beneficiou amplamente as nações colonialistas europeias, por meio da dinamização de suas atividades capitalistas, e favoreceu a acumulação de capitais, primeiramente nas mãos da burguesia mercantil e do Estado, e, posteriormente, nas mãos da burguesia industrial e financeira;

2ª) Prejudicou sensivelmente as colônias, deformando seu desenvolvimento econômico.

A deformação do desenvolvimento das colônias ocorreu tanto na atividade artesanal quanto na agrícola, e é sentida até hoje.

Na atividade artesanal, o colonialismo e a divisão internacional da produção, como corolário da primeira, provocaram grande impacto. Causaram a regressão em vários setores produtivos e a ruptura, inibição e deformação do processo de desenvolvimento tecnológico das colônias, na medida em que os produtos manufaturados, num primeiro momento, e posteriormente os produtos industrializados provenientes das metrópoles, se impuseram em substituição aos produzidos localmente. A Guiné-Bissau, por exemplo, possuía, à época da conquista europeia, técnicas de tecelagem e de tinturaria relativamente avançadas. No início de sua colonização, seus tecidos eram exportados para a Europa. Entretanto, quando os capitalistas europeus perceberam que as exportações de tecidos da Guiné-Bissau estavam prejudicando a indústria têxtil europeia e que também estimulava outros setores do artesanato africano, providenciaram o fim desse tipo de comércio. Não interessava aos países colonialistas a formação de novos concorrentes no mercado produtor de manufaturados. Interessava, sim, a substituição do artesanato e da semimanufatura local pelo manufaturado europeu.

Na Índia e em outras colônias, o colonizador ou conquistador usou a mesma estratégia.

> A Índia oferecia um mercado de monopólio à Inglaterra, no momento em que esta se encontrava em plena expansão industrial. A indústria algodoeira de Lancashire, que a Revolução Industrial colocara em primeiro lugar como fornecedor de tecidos de algodão, parecia ter na Índia um mercado inesgotável, até o surgimento de uma indústria indiana de têxteis; mesmo então, os interesses britânicos em jogo puderam, por intermédio de Whitehall, esmagar sua rival com impostos indiretos tão elevados que anulavam os esforços protecionistas de uma tarifa alfandegária já insuficiente (...).
>
> (...) A Índia permaneceu, durante todo o fim do século XIX, a verdadeira vaca leiteira da Inglaterra: entregava à Grã-Bretanha matérias-primas que devia comprar depois sob a forma de produtos manufaturados (...).[31]

Isso ocorreu em todas as economias coloniais em maior ou menor intensidade no decorrer do século XVI ao XX (com exceção dos Estados Unidos que, no século XVIII, libertando-se do jugo inglês, abandonaram o sistema de divisão internacional da produção, voltaram-se para si mesmos, adotaram uma política externa isolacionista e promoveram a sua industrialização e seu desenvolvimento; quanto aos países latino-americanos, apesar de sua libertação colonial no início do século XIX, suas oligarquias conservadoras e antiindustrializantes, além de frearem o desenvolvimento econômico e social, assistiram à substituição da dominação colonial ibérica pelo imperialismo inglês).

[31] Panikkar, K. M. *A dominação ocidental na Ásia, do século XV aos nossos dias*. Rio de Janeiro, Saga, 1965. p. 157,158 e 159.

E quanto à agricultura? O que ocorreu com a penetração do colonialismo e com a divisão internacional da produção?

Ocorreu a deformação do sistema produtivo agrícola original das colônias. É isso que interessa mais de perto para explicar a fome, como veremos a seguir.

Agricultura de exportação *versus* agricultura de subsistência: uma herança do colonialismo

O colonialismo desestruturou as formas originais de produção agrícola existentes nas áreas conquistadas. A produção agrícola africana, asiática e americana, que estavam fundamentalmente voltadas para atender às necessidades alimentares de seus povos, foram desorganizadas, sendo substituídas pela agricultura comercial de exportação. O colonizador introduziu a forma de utilização da terra que tem por base a grande propriedade agrícola monocultora — a *plantation* —, destinada ao cultivo de produtos para exportação (cana-de-açúcar, café, cacau, amendoim, algodão, borracha, chá etc.). Quanto à agricultura de subsistência, esta passou a ser encarada pelo colonizador apenas como apêndice da grande lavoura.

Essa substituição tinha como objetivo criar nas colônias uma forma de produção agrícola adequada às necessidades do mercado externo, às necessidades de acumulação de capital e à obtenção de lucros pelas metrópoles. Assim, o colonialismo orientou sua ação para tirar da terra conquistada e de sua gente tudo aquilo que pudesse beneficiar a metrópole e sua classe dirigente. Os meios de produção ficaram nas mãos de poucos e o acesso a eles tornou-se difícil em razão da implantação de administrações coloniais e, posteriormente, de Estados, que representavam os interesses das classes dominantes. Para a grande maioria das populações restaram apenas as migalhas do grande banquete colonial, pois sentaram-se à mesa apenas as oligarquias locais e os representantes dos interesses colonialistas.

Na África

Na fase pré-colonial, a forma de produção na África consistia, de modo geral, na agricultura praticada em pequenos lotes rurais (milho, milhete, arroz, batata, inhame etc.) e na criação de pequenos rebanhos, e tinha por base o trabalho das famílias (unidades familiares de produção). A troca de produtos entre os camponeses e os criadores de gado (pastores) proporcionava um equilíbrio alimentar, porque assim podiam consumir as proteínas animais e vegetais necessárias à sua alimentação.

Com a chegada do colonizador, ocorreu a ruptura desse equilíbrio. Foi introduzida a *plantation*. A grande lavoura passou a absorver as unidades familiares de produção, tanto aquelas ocupadas com a agricultura de subsistência como aquelas que lidavam com a criação de gado. Assim, o avanço dessa agricultura comercial de exportação provocou a desestruturação da produção destinada à alimentação das famílias e, consequentemente, surgiram a desnutrição e a fome.

A colonização francesa no Níger, Mali, Senegal, Mauritânia, Burkina Fasso, Gâmbia e Chade é exemplo disso. Foram desenvolvidas nesses países extensas plantações de amendoim e algodão, para abastecer de matérias-primas as indústrias francesas de óleo comestível e de tecelagem.

O Níger, por exemplo, país situado no Sahel, foi ocupado pelos franceses no século XIX e tornou-se colônia entre 1922 e 1960. No decorrer desse período, as *plantations* de amendoim e algodão apresentaram grande expansão. De 73 mil hectares de terras ocupadas por amendoim em 1934, em 1954, já somavam 140 mil. Esse aumento da área cultivada com lavouras destinadas à exportação se deu com prejuízo das lavouras de subsistência.

É compreensível que, mesmo após a independência, o Níger tenha continuado a privilegiar as lavouras de exportação, pois necessita de divisas ou de dólares para sustentar as suas importações. No entanto, o que se questiona é que a arrecadação de impostos oriundos das exportações não é destinada a investimentos na agricultura familiar para superar o seu déficit alimentar. A exemplo de outros países africanos e mesmo de outros continentes, essas receitas do Estado têm sido mal dirigidas. Têm beneficiado muito mais as elites nacionais, que as aplicam na construção de bairros elegantes nas suas capitais, na importação de automóveis de luxo e bens supérfluos, sem contar com as atitudes lesivas de desvio de dinheiro público ou de corrupção administrativa.

Na ausência de ações de interesse nacional, voltadas principalmente para os despojados ou despossuídos, a agricultura de exportação, como herança do colonialismo, continua sendo privilegiada. Disso resulta a precária condição alimentar de grande parte da população. O Níger, como muitos outros países africanos, possui uma dependência de importação de alimentos.

Em Burkina Fasso, antigo Alto Volta, colônia francesa, os colonizadores franceses, para conseguir trabalhadores para as grandes plantações de algodão ali introduzidas, usaram um recurso administrativo espúrio: aumentaram consideravelmente as taxas cobradas dos nativos por cabeça de gado e por hectare de terra cultivada com lavouras de subsistência. Diante disso, muitos camponeses abandonaram suas terras e tornaram-se trabalhadores assalariados nas grandes plantações de algodão dos franceses. Isso comprometeu seriamente o nível alimentar da população.

Na Ásia

Também na Ásia, o avanço da colonização estrangeira, sedenta de lucro, não só provocou a regressão da atividade artesanal e manufatureira, como também alterou a forma de utilização da terra de vários povos asiáticos. Borracha natural, chá, arroz, juta, matérias-primas minerais e outros produtos tiveram, com o colonialismo, um aumento considerável da produção, para atender fundamentalmente ao mercado externo. Com isso, o sistema produtivo original, que atendia às necessidades alimentares das populações, foi deformado e o resultado foi a fome, a desnutrição.

Bangladesh é o caso típico dessa situação no continente asiático. Antes do início da colonização inglesa, no final do século XVIII, a terra era propriedade comum dos habitantes das aldeias. Todos trabalhavam, repartiam a produção e se associavam para a construção de canais de irrigação para a melhoria das terras.

Com a chegada do colonizador, deu-se a desestruturação da forma de produção original. Os ingleses introduziram a propriedade particular, desmantelando o trabalho coletivo. Com as culturas de juta e de algodão e outras atividades destinadas à exportação surgiu o trabalhador assalariado, e a introdução da economia de mercado fez elevar espantosamente os preços dos alimentos. O trabalhador, que antes produzia na sua aldeia os alimentos de que necessitava, tinha agora que comprá-los no mercado. Mas, como os salários eram baixíssimos, o trabalhador não podia adquirir alimentos em quantidade e qualidade suficientes para ter um bom nível alimentar. O resultado foi a fome, a desnutrição.

Segundo dados do Relatório do Desenvolvimento Humano 2002, do PNUD (Programa das Nações Unidas para o Desenvolvimento), Bangladesh é hoje um dos países de condições sociais mais precárias: esperança de vida, 58 anos; taxa de mortalidade infantil, 79‰; taxa de analfabetismo, 59%; crianças nascidas com insuficiência de peso, 50% e IDH (Índice de Desenvolvimento Humano) baixo, igual a 0,478. Cerca de 50 milhões dos seus 140 milhões de habitantes vivem na mais absoluta pobreza, sem satisfazerem, consequentemente, a suas necessidades mínimas de alimentação, habitação, vestuário, educação e saúde. Milhares de famílias de Bangladesh consomem menos de 1.500 calorias/dia por pessoa, quando somente a produção de cereais do país (destinada à exportação) poderia fornecer as calorias necessárias.

O país possui sérios entraves sociais e políticos à mudança dessa situação. Um deles é que cerca de 90% das terras cultivadas são trabalhadas por meeiros e trabalhadores assalariados (baixos salários) e desmotivados para o aumento da produção. A maioria dos proprietários das terras vive nas cidades, dedicando-se a outras atividades; eles consideram a terra rural apenas um complemento de sua renda. Por causa disso, não há preocupação em intensificar a melhoria das técnicas agrícolas, para se obter maior produtividade, nem em aumentar as áreas irrigadas. A cultura da juta, destinada à exportação, ocupa a maior área cultivada do país e é a sua principal fonte de divisas. Enquanto a juta é exportada em larga escala, grande parte da população é privada de alimentar-se adequadamente.

É interessante observar que o FMI e o Banco Mundial, ao ditarem as suas "receitas" para os países subdesenvolvidos, pouco falam da necessidade da reforma agrária, mesmo sabendo que o futuro de grande parcela de suas populações, principalmente a rural, depende dessa providência.

Amartya Sen, economista indiano, criador do Índice de Desenvolvimento Humano para avaliar o nível de desenvolvimento social das sociedades humanas, referindo-se ao seu país natal, afirmou:

> Nosso governo foi capaz de ignorar a fome endêmica, a subnutrição crônica grave, pois essa "fome" nunca resultou numa investida sobre o mercado nem num caos e não se acentuou como fome aguda, pela qual as pessoas morrem de inanição. Uma fome ordenada e persistente não subverte o sistema.[32]

Na América espanhola

A colonização espanhola na América também deixou suas tristes consequências: extermínio da população nativa e sua escravidão, introdução da *plantation*, fome e miséria para a maioria da população.

A conquista espanhola caracterizou-se, de início, pela pilhagem das riquezas em ouro, prata e pedras preciosas acumuladas pelas civilizações inca, maia, asteca etc. Após a redução dos estoques de ouro, prata e pedras preciosas, os espanhóis passaram a organizar sua conquista e colonização em duas bases: o sistema das *encomiendas* e a exploração mineral.

[32] Citado por René Dumont, em *Um mundo Intolerável*: o liberalismo em questão. Rio de Janeiro, Revan, 1989. p. 153.

As *encomiendas* eram vastas extensões de terras destinadas à produção agrícola. Eram entregues pela Coroa espanhola aos colonizadores — chamados, então, de *encomenderos* —, que recebiam também um núcleo indígena para servir-lhes de mão de obra escrava. Em troca, os *encomenderos* se colocavam como "tutores espirituais" dos indígenas sob sua responsabilidade, cabendo a eles cristianizá-los.

A implantação das *encomiendas* promoveu a desestruturação da agricultura de subsistência praticada pelos povos nativos do Novo Mundo e introduziu a grande propriedade rural que está presente até hoje, em larga escala, na estrutura fundiária da América Latina: os latifúndios. Vastas áreas de terra foram, então, ocupadas com culturas de cana-de-açúcar, principalmente nas Antilhas e no Peru; de café, na América Central e Colômbia; e de banana, desde o Equador até a América Central. A agricultura nativa, que estava organizada para atender às necessidades alimentares da população, regrediu. O interesse do colonizador, como se sabe, voltava-se para o abastecimento do mercado externo.

Nas áreas de exploração mineral (Bolívia, Peru, México etc.) ocorreu também a desarticulação do sistema produtivo agrícola. As populações nativas foram brutalmente arrancadas de seus campos e escravizadas para servir de mão de obra no trabalho de exploração das minas.

Numa segunda fase da colonização, formaram-se as oligarquias nacionais, associadas a interesses estrangeiros. Essas alianças perduram até os dias atuais, mantendo uma estrutura fundiária injusta e uma relação de trabalho de exploração, que são, entre outros fatores, causadores da pobreza e da fome de grande parcela da população da América Latina.

Brasil: agricultura de exportação *versus* agricultura de subsistência

Uma visão histórica

Assim como a América espanhola, o Brasil foi incorporado ao capitalismo europeu no início do século XVI, passando daí a fazer parte do conjunto de colônias que forneciam matérias-primas às metrópoles europeias.

Desde o inicio da colonização, os portugueses buscaram um produto que lhes proporcionasse grandes lucros, justificando, assim, a permanência e posse do território. Não encontrando, de imediato, riquezas minerais (ouro, prata e pedras preciosas), introduziram (a partir de 1530) o cultivo da cana-de-açúcar.

Os principais fatores que levaram à escolha da cana-de-açúcar foram: 1º) Portugal já tinha experiência no cultivo e na industrialização dessa planta tropical, pois realizava sua cultura nas ilhas da Madeira e de Cabo Verde, desde o século XV; 2º) o alto valor comercial do açúcar, acenando à burguesia mercantil a obtenção de grandes lucros e acumulação de capital.

A principal preocupação, desde o início da colonização portuguesa, foi plantar cana para o fabrico de açúcar, ficando em segundo plano a produção de gêneros alimentícios de subsistência. Estes eram produzidos por pequenos agricultores em terras arrendadas dos grandes proprietários, e também pelos escravos em seu tempo livre (feriados, domingos ou após o trabalho diário na lavoura da cana).

Quando o produto agrícola de exportação elevava de preço no mercado mundial, diminuía consideravelmente a produção de gêneros de subsistência. Isso porque todas as terras eram ocupadas com o plantio do produto de exportação e todos os escravos eram requisitados para o trabalho nas áreas cultivadas. Nesses períodos, aumentava a fome na colônia, principalmente entre a população escrava.

No período canavieiro, a crise da agricultura de subsistência chegou a atingir tão graves proporções que a metrópole teve de intervir através de uma legislação que tornava obrigatório ao proprietário de terras destinar uma parte de seu domínio ao plantio de gêneros alimentícios. Data dessa época o surgimento de pequenos produtores que se dedicavam à agricultura de subsistência praticada em terras não doadas pela Coroa cuja posse, dentro dos critérios oficiais, era ilegal. Foi desse modo que começaram a se formar as pequenas propriedades rurais no Brasil. Formaram-se, como se vê, como verdadeiros apêndices da grande propriedade.

Em relação à pequena propriedade rural no Brasil Colônia, o economista J. F. Graziano da Silva assim se expressa:

> Esses tipos, que foram a gênese dos pequenos agricultores no Brasil, sempre foram tidos como "vadios", "ociosos", e qualificações semelhantes. Sempre foram considerados como marginais pelas autoridades da Colônia e pela ideologia dominante da época. Não resta dúvida de que esses "marginais" nada mais são do que reflexos criados pelo próprio sistema latifundiário implantado no Brasil.[33]

No início da atividade mineradora, no final do século XVII, as crises de falta de alimentos continuaram ocorrendo, chegando mesmo, às vezes, a ser muito profundas. Mas, com o tempo, a mineração acabou estimulando o desenvolvimento do setor de subsistência, agora não só com a participação do pequeno produtor, mas também com a participação do grande proprietário.

A extinção do regime de sesmarias, em 1822, e a ausência de uma legislação, até 1850, que regulamentasse a propriedade da terra — a terra deixou de ser uma propriedade pessoal do rei de Portugal e, com a independência, passou a ser um patrimônio da nação brasileira — intensificou-se o sistema de posses, permitindo que surgissem pequenos produtores rurais nesse período. Entretanto, com a promulgação da Lei Eusébio de Queirós, em 1850, que proibiu o tráfico de escravos, limitando, portanto, a disponibilidade dessa mão de obra para o grande fazendeiro, a aristocracia rural apressou-se em elaborar, nesse mesmo ano, uma lei para proteger os seus interesses — a Lei de Terras. Essa lei estabeleceu:

•que todas as terras devolutas só poderiam ser adquiridas em hasta pública com pagamento à vista;

•que o fruto da venda das terras serviria para financiar a vinda de trabalhadores rurais europeus — os imigrantes — para o Brasil;

•que as posses ficavam proibidas.

---

33 Da Silva, J. F. Graziano. *Estrutura agrária e produção de subsistência na agricultura brasileira*. São Paulo, Hucitec, 1978. p. 20.

A Lei de Terras beneficiou amplamente os grandes proprietários, serviu para reafirmar a grande propriedade rural no Brasil — os latifúndios — cujas raízes são encontradas no regime de sesmarias e na própria Lei de Terras de 1850. À medida que o acesso à propriedade da terra só era possível por meio de sua compra — nos Estados Unidos, a Lei de Terras de 1862 privilegiou a sua doação pelo Estado — excluíam-se todos aqueles que não tivessem condições de adquiri-la. Em consequência, produziu-se uma estrutura fundiária concentracionista, injusta e antidemocrática, perdendo-se, inclusive, a oportunidade histórica de realização de uma reforma agrária, que provavelmente teria beneficiado a sociedade brasileira.

Ao financiar a vinda de imigrantes para a grande lavoura cafeeira, usava-se o dinheiro da venda de terras públicas para o benefício também do grande proprietário, que não soube tratar bem essa mão de obra valiosa, submetendo-a, muitas vezes, à condição de servidão. Tal fato repercutiu negativamente na Europa, a ponto de frear o fluxo imigratório para o Brasil, país que, na época, precisava ser povoado, receber pessoas com conhecimentos técnicos e constituir um mercado interno de consumo. Para se ter ideia, enquanto o fluxo imigratório para o Brasil, entre 1800 e 1950, foi de aproximadamente 4 milhões de pessoas, no mesmo período, dirigiram-se para os Estados Unidos cerca de 40 milhões de imigrantes; para a Argentina, 7 milhões; Canadá, 5,2 milhões. No Brasil, os maus-tratos, o abandono dos imigrantes, a existência da escravidão (o Brasil foi o último país da América a abolir a escravidão) não eram condições favoráveis para despertar o interesse em emigrar para o nosso país. Como escreveu Manuel Diégues Junior:

> (...) Imigração e escravidão são dois termos que se repelem, e não seria possível desenvolver-se o movimento imigratório paralelamente ao trabalho escravo (...).[34]

[34]Diégues Junior, Manuel. *Etnias & cultura no Brasil*. Rio de Janeiro, Paralelo e Instituto Nacional do Livro/MEC, 1972. p. 105.

Proibindo as "posses", a Lei de Terras comprometeu também o desenvolvimento da pequena propriedade rural destinada à agricultura de produtos alimentares.

Essa opressão e outras de naturezas distintas que se seguiram nos anos posteriores, praticadas pelas classes dominantes, causaram reações por parte dos camponeses. Assumindo a forma de movimentos rurais, questionaram o poder político, como aconteceu em Canudos (1896-1897) e na Guerra do Contestado (1912-1916).

No final do século XIX e início do XX, a industrialização e a urbanização passaram a exercer influência na produção agrícola. A indústria, necessitando de matérias-primas vegetais, e a população urbana em crescimento, favoreceram o desenvolvimento da produção de alimentos no campo. Não só a pequena e média propriedade rural cumpriam essa função, mas também a grande propriedade, aproveitando, no caso das fazendas de café, os corredores do cafezal para o plantio de feijão, milho etc. Entretanto, a expansão da agricultura de produtos alimentares, no período considerado, não se deu em decorrência de medidas governamentais de incentivo à pequena propriedade rural. Esta expandiu-se no Sudeste, como consequência da marcha do café na busca de novas terras para o cultivo e do abandono das terras "cansadas" por causa da exploração extensiva. As terras que ficaram "para trás", divididas em lotes e colocadas à venda pelos seus proprietários, os fazendeiros de café, possibilitaram o crescimento da pequena propriedade rural produtora de gêneros alimentícios (Vale do Paraíba, Zona da Mata Mineira, região de Campinas, em São Paulo etc.). Já no Sul, a colonização estrangeira — alemã, italiana, polonesa etc. — realizada em moldes diferentes dos do Sudeste, teve na pequena propriedade rural e na agricultura familiar a base de sua afirmação. No Nordeste, a herança colonial manteve, na Zona da Mata, o latifúndio açucareiro. O Agreste, antiga área de criação de gado do século XVIII, transformou-se predominantemente em agrícola, nos séculos XIX e XX, em vista das necessidades crescentes de alimentos por parte da Zona da Mata. A tendência de retalhamento da propriedade da terra que vinha se verificando no século XIX, nessa sub-

-região, acentuou-se no século XX, sem contudo alterar o caráter antidemocrático da concentração da propriedade da terra. Da segunda metade do século XIX até a década de 1960, a região Norte e a região Centro-Oeste, com populações reduzidas e economias de base extrativista vegetal, possuíam pequenos agricultores que abasteciam as regiões. Entretanto, essas regiões dependiam da compra de alimentos das demais.

A partir da crise de 1929, que abalou o sistema capitalista mundial, a economia brasileira entrou numa fase de transição. De país predominantemente agrário, iniciou a trajetória para tornar-se urbano-industrial. Sendo sua economia assentada na exportação do café e não tendo para quem vendê-lo, em vista da crise mundial, tal situação conduziu à diversificação da produção agrícola e ao parcelamento de muitas propriedades ocupadas por café. Nessas circunstâncias, multiplicaram-se os pequenos produtores rurais (sitiantes) ocupados com a produção de alimentos para atender ao crescente aumento populacional urbano. Mais uma vez, percebe-se que a pequena propriedade voltada para a produção de alimentos se instala, não em decorrência de providências políticas governamentais, e sim como apêndice da grande propriedade, pois predominou até a década de 1950, no Brasil, o modelo econômico primário-exportador.

ICONOGRAFIA/REMINISCÊNCIAS

Manifestação contra a carestia, no Rio de Janeiro, em 1923.

Nas cidades, os baixos salários vigentes para muitos trabalhadores comprometiam não só a alimentação, como também outras necessidades, como educação, saúde, moradia, vestuário etc., levando multidões a realizar passeatas contra a fome e a carestia.

A fome ou desnutrição, que vinha desde o período colonial, passando pelo Império e entrando pela República, continuou até a atualidade, em vista da manutenção de um modelo calcado na modernização conservadora.

O modelo agrícola pós-1964

O golpe de Estado de 1964 implantou no Brasil um regime político autoritário e um modelo econômico com base no capitalismo dependente, associado e excludente. Dependente e associado porque incentivou a entrada e a atuação de empresas estrangeiras — as transnacionais — no país, em associação ou não com empresas nacionais. Excludente, pelo menos sob três aspectos: político, econômico e cultural. Excludente, sob o ponto de vista político, porque excluiu a população brasileira de participar da vida política nacional. Excludente economicamente porque, favorecendo a concentração da renda e da propriedade, orientando e estimulando a produção para a demanda das classes média alta e alta, acabou excluindo a maior parte da sociedade brasileira de participar do crescimento econômico. Excludente culturalmente porque estabeleceu uma rígida censura sobre os meios de comunicação, sobre o sistema educacional e sobre toda manifestação artística e cultural, impedindo, autoritariamente, qualquer tipo de questionamento e discussão sobre a ordem política, social e econômica imposta.

Quanto à atividade rural, no decorrer dos governos militares, apesar de os protagonistas do golpe, que criaram o Estatuto da Terra no governo Castelo Branco (Lei 4.504/1964), afirmarem que havia a necessidade de se fazer reformas no campo, e que era imperiosa uma solução democrática para o acesso à terra, visando conter descontentamentos no meio rural e, de modo geral, na sociedade brasileira, o que se viu foi outra coisa. Os conflitos no campo se multiplicaram, e a militarização da questão agrária proporcionou diferentes formas de violência contra os trabalhadores rurais ou camponeses. A figura do jagunço, uma espécie de peão da força privada dos latifundiários, assassinou, no ano de 1985, cerca de um trabalhador rural a cada dia (média anual). A democratização da posse da terra não ocorreu, e a reforma agrária pensada para fortalecer o capitalismo e, consequentemente, para conter a expansão do socialismo também não ocorreu. O que de fato aconteceu foi o fortalecimento e a modernização do latifúndio, concomitantemente à ampliação da exclusão social. Assim:

> o processo de modernização da agricultura brasileira — conservador, parcial, excludente e ecologicamente insustentável — acelerou a exclusão social e a degradação ambiental no campo brasileiro, incrementando a luta por reivindicações históricas do Movimento Sindical dos Trabalhadores Rurais (MSTR) que surgem para superar os prejuízos sociais e políticos causados pelo modelo agrário e agrícola imposto ao país(...).[35]

Data desse período o surgimento das comunidades eclesiásticas de base que, de acordo com os ensinamentos da Teologia da Libertação, incentivaram organizações populares a buscar os seus direitos e a participar democraticamente das questões políticas e sociais.

A agricultura brasileira, após 1964, passou por uma série de transformações:

• ampliação da área dos estabelecimentos agropecuários, principalmente em decorrência da expansão da fronteira agrícola em direção às regiões Centro Oeste, Norte e Meio-Norte;

---

[35] Santos, Manoel José dos. *Projeto alternativo do desenvolvimento rural sustentável. Estudos avançados*, v. 15, n. 43, set./dez. 2001, São Paulo, Instituto de Estudos Avançados da Universidade de São Paulo. p. 225.

• expansão do capitalismo no campo por meio da grande empresa agropecuária capitalista (que veremos mais adiante), deixando como resultado:

a) o aumento da produção agropecuária, seguida da destruição de milhares de pequenas unidades de produção, onde o camponês praticava a agricultura de subsistência com excedente comercializável ou não;
b) a alteração das relações de trabalho, transformando o colono e o camponês em boia-fria ou em trabalhador rural assalariado;
c) aprofundamento da concentração da propriedade da terra nas mãos de poucos, não só por meio da expansão da fronteira agrícola mas também pela absorção das terras do pequeno e médio produtor rural pela empresa capitalista, reafirmando o modelo de modernização conservadora e não o da democratização do acesso à terra ou a reforma agrária;
d) exacerbação dos conflitos sociais no campo entre grileiros e posseiros, entre fazendeiros e indígenas e entre os sem-terra e proprietários rurais etc.
e) aburguesamento e internacionalização do latifúndio, por meio da penetração de capitais de empresas nacionais e estrangeiras, tanto industriais como financeiras (bancos, empresas comerciais, indústrias automobilísticas etc.);
f) manutenção da prioridade histórica de incentivo aos cultivos de exportação, em detrimento da agricultura de produtos alimentares.

Este último aspecto é que explica mais de perto a questão da fome no Brasil. Com a busca de empréstimos no exterior para financiar o crescimento econômico brasileiro, a agricultura continuou a arcar com um grande ônus na obtenção de divisas, por meio da exportação, para o pagamento dos juros ou serviços da dívida externa, que vinha aumentando ano após ano. Durante o Estado autoritário, ocorreu grande expansão do cultivo de produtos destinados à exportação. O próprio governo lançava mão, em jornais, revistas e televisão, de certos *slogans* para estimular a produção e a exportação: "O que importa é exportar", "Exportar é a solução", mesmo que essa política agrícola fosse feita à custa da pobreza e da fome. Mostrava--se, assim, que era mais importante exportar que alimentar os brasileiros.

As tabelas que seguem são bastante esclarecedoras quanto à expansão da área de cultivo de produtos da agricultura comercial de exportação (cana-de-açúcar, laranja e soja) e da agricultura de produtos alimentares destinados ao mercado interno (milho, arroz, feijão e mandioca) em dois períodos pós 1964.

TABELA 7. BRASIL — CRESCIMENTO DA ÁREA CULTIVADA (1970-1980) (EM %)

Agricultura de exportação		Agricultura de produtos alimentares	
Soja	390	Arroz	20
Laranja	154	Feijão	18
Cana	49	Milho	11
		Mandioca	2,5

Fonte: Cálculos tendo por base dados de Homem de Melo, Fernando. *O Problema Alimentar no Brasil, a importância dos desequilíbrios tecnológicos*. Rio de Janeiro, Paz e Terra, 1983.

TABELA 8. BRASIL — AUMENTO OU DIMINUIÇÃO DA ÁREA CULTIVADA DE PRODUTOS DA AGRICULTURA DE EXPORTAÇÃO E DE PRODUTOS ALIMENTARES, ENTRE 1974-2000 (EM %)

Agricultura de exportação		Agricultura de produtos alimentares	
Soja	165,0	Milho	26,0
Laranja	159,0	Feijão	12,2
Cana	143,0	Arroz	– 12,0
Café	9,3	Mandioca	– 13,6

Fonte: Cálculos tendo por base: IBGE. *Sinopse Estatística do Brasil*, 1975. p.134 e IBGE. *Anuário Estatístico do Brasil 2000*. p.3-45 a 3-49.

As tabelas mostram dois períodos: a primeira referente à década de 1970-80 e a segunda relativa a um período mais longo, de 26 anos (1974-2000). Em ambas, nota-se que a expansão da área de cultivo dos produtos de exportação (com exceção do café, tabela 8) foi bem superior a de produtos alimentares. Entretanto, considerando o período de 1974-2000, a área de cultivo do arroz e da mandioca, produtos básicos da alimentação dos brasileiros (a mandioca, principalmente para a população do Norte e do Nordeste) decresceram, respectivamente, em 12,0% e 13,6%.

Poder-se-ia argumentar que o decréscimo da área cultivada de arroz e de mandioca ou que o pequeno aumento da área de cultivo do milho e do feijão, expressos na tabela 8, foram compensados pelo aumento da produtividade ou do rendimento. Não resta dúvida de que o aumento do rendimento das lavouras brasileiras tem sido expressivo. Têm ocorrido grandes saltos. Em 1974, por exemplo, o rendimento médio da cultura de laranja no Brasil era aproximadamente de 79 mil quilos por hectare. Nos últimos anos, tem sido de 126 mil quilos, representando um aumento de 59%. O rendimento médio por hectare de feijão era, na década de 1970, da ordem de 507 quilos, e atualmente se encontra em 700 quilos, correspondendo a um acréscimo de 38%. No entanto, não podemos creditar ao aumento dos rendimentos por hectare a diminuição ou pequeno aumento da área cultivada com produtos da agricultura alimentar. Existe, de modo geral, desinteresse do produtor rural pela agricultura de produtos alimentares, em vista do reduzido apoio creditício a ela disponibilizado e também pelas políticas de preço adotadas internamente nem sempre favoráveis a ele, que mal cobrem os seus custos de produção (são as pequenas propriedades que respondem pela maior produção da agricultura alimentar).

A tabela 9, que segue, também fornece uma ideia do comportamento dos dois tipos de agricultura. Mostra a evolução da produção de alguns produtos da agricultura de exportação e de produtos alimentares, considerando em conjunto a média dos anos de 1998, 1999 e 2000, comparativamente à média de produção dos anos também tomados em conjunto de 1991, 1992 e 1993. Observa-se que os percentuais de crescimento da produção agrícola destinada ao mercado interno (arroz, batata-inglesa, feijão, mandioca e milho) foram inferiores ao percentual de crescimento de produção agrícola para a exportação (café, laranja, cana-de-açúcar e soja). Cabe também observar que a diminuição da produção média de arroz, feijão e mandioca, no triênio de 1998, 1999 e 2000, em relação à média dos anos de 1991, 1992 e

1993, demonstra a falta de incentivos à produção de alimentos básicos para a população brasileira. Assim, apesar do aumento significativo do rendimento por hectare plantado ou da produtividade agrícola nos últimos 50 anos, o Brasil continua sendo um país importador de grãos (arroz, feijão, e trigo), por incrível que isso possa parecer, evitando, com esse expediente, sérios colapsos de abastecimento alimentar. É uma condição extremamente paradoxal, considerando:

- a grande disponibilidade de terra agricultável no Brasil;
- o grande contingente de mão de obra disponível, incluindo aqui os sem-terra;
- a existência de milhões de brasileiros pobres e desnutridos;
- o desemprego;
- a existência de propriedades rurais ou de latifúndios improdutivos;
- que a terra, no Brasil, não cumpre a sua função social, ou seja, a de produzir — princípio reconhecido internacionalmente, que inclusive consta na nossa Constituição — permitindo que, escandalosa e injustamente, desempenhe a função de reserva de valor, que seja um bem de especulação.

TABELA 9. BRASIL
CRESCIMENTO OU DIMINUIÇÃO DA PRODUÇÃO DE ALGUNS PRODUTOS AGRÍCOLAS, COMPARANDO-SE A PRODUÇÃO MÉDIA DO TRIÊNIO 1998-1999-2000 COM A PRODUÇÃO MÉDIA DO TRIÊNIO 1991-1992-1993 (EM %)

	Produtos agrícolas	Aumento da produção	Diminuição da produção
Agricultura comercial	Soja	51,5	–
	Cana	29,8	–
	Café	17,8	–
	Laranja	14,8	–
Agricultura de produtos alimentares	Milho	16,0	–
	Batata-inglesa	14,3	–
	Mandioca	–	7,6
	Arroz	–	7,0
	Feijão	–	3,3

Fonte: Cálculos tendo por base: IBGE. *Anuário Estatístico do Brasil*, 1994. p. 3-27 a 3-38 e *Anuário Estatístico do Brasil 2000*. p. 3-24 a 3-49.

O Brasil, com uma política agrícola e agrária ainda presa ao modelo colonial e à divisão internacional da produção, tem optado por exportar soja e suco de laranja, ou ainda, abastecer tanques de automóveis com álcool de cana-de-açúcar (o álcool não se destina ao abastecimento de caminhões, ônibus e tratores), e pouco tem feito para incrementar a produção de alimentos baratos para a sua população. Não resta dúvida de que a agricultura de exportação e a agroindústria são de fundamental importância para o país. Respondem por expressivas divisas, de que tanto o Brasil necessita, e estimulam a pesquisa científica e tecnológica, além de serem fontes de emprego. No entanto, nada justifica a negligência para com a agricultura de produtos alimentares. Efetivamente, ela carece de uma política eficiente para o seu fortalecimento, principalmente para os pequenos produtores ou para agricultura familiar, que são justamente os responsáveis, dentro do panorama geral da agricultura brasileira, pela maior produção de gêneros agrícolas básicos. Não dispondo de crédito rural nem de orientações técnicas, vivem com dificuldades. Muitos estão abandonando ou perdendo suas terras, abatidos pela competição desigual. A expansão do capitalismo na mais distante área rural — que coloca, covardemente, numa mesma arena, agentes econômicos desiguais, que fatalmente conduzem a relações desiguais — tem levado o mais fraco a sucumbir ou a desistir. Sucumbindo ou desistindo da produção rural, famílias mudam-se para a periferia das cidades, onde passam a engrossar a massa de excluídos urbanos, com todas as suas consequências. Os migrantes encontram cidades despreparadas para receber tal contingente populacional e consequentemente os índices de pobreza, violência e fome aumentam. Da condição que ocupavam "com terra", muitos passam, tristemente, para a situação de "sem-teto". E isso por ausência de uma firme política agrícola de valorização da agricultura familiar, que poderia conter o êxodo rural, aliviar os problemas urbanos e, sobretudo, dar renda condigna a milhões de brasileiros.

Em vista do que foi exposto anteriormente, é o caso de perguntar: que modelo de desenvolvimento é esse — e os do passado também — que, ao invés de inserir o grande conjunto de despossuídos da sociedade brasileira na economia, procura excluí-los? Não é possível haver um modelo que inclua a todos? Sabe-se que sim, mas, com certeza, ele esbarra em interesses de grupos que freiam a todo custo modelos que não os beneficiem ou que deles retirem privilégios. É esse o caso, por exemplo, da tão comentada e não realizada reforma agrária. Não estamos nos referindo à reforma agrária apenas distributivista, ou seja, de distribuição de terra a quem não a possui. É no seu sentido amplo: crédito, educação agrícola, comercialização, possibilidade de escoamento da produção, formação de cooperativas, assistência técnica etc. Possibilitaria, sem dúvida alguma, integrar milhões de pessoas à sociedade e ao mercado, garantindo direitos, cidadania, renda, dignidade, como também a segurança alimentar de que tanto necessitamos. A reforma agrária implicaria, portanto, o fortalecimento da agricultura familiar, sem prejuízo à agricultura empresarial. Afinal, é uma reforma capitalista, num país capitalista que, para sair de sua situação social deprimente, para não dizer obscena — é obsceno permitir a existência da miséria, da pobreza e da fome, quando há condições para superá-las —, necessita urgentemente realizá-la.

Já se passaram 500 anos. Quinhentos anos de espera, para que as elites de nosso país despertem para a necessidade histórica da reforma agrária, e que passem a ter, concretamente, preocupações sociais.

5. Agricultura patronal *versus* agricultura familiar: a injusta estrutura fundiária e a fome

NÃO EXISTE RELAÇÃO CAUSAL ENTRE SUPERFÍCIE CULTIVADA E FOME. MAS A EXISTÊNCIA DO SUBAPROVEITAMENTO DA TERRA E A FOME É OUTRA ENTRE TANTAS CONTRADIÇÕES DE NOSSO TEMPO.

Agricultura familiar e patronal

Já vimos que o caráter concentracionista da propriedade da terra é encontrado, de modo geral, nos países subdesenvolvidos. São países que, como o Brasil, têm um passado colonial norteado pela colonização de exploração. A ocupação e a utilização da terra e de seus recursos foram realizadas segundo os interesses das metrópoles, com grandes unidades de produção agrícola (*plantations*) voltadas fundamentalmente para atender o mercado externo.

Essa colonização propiciou a formação de oligarquias e deixou como herança estruturas fundiárias arcaicas, injustas e antidemocráticas. Tal situação não só permanece nos dias atuais, como também sofre pressões por parte de grupos sociais para que não se altere.

Existem dois extremos na estrutura fundiária: um deles representado pelo latifúndio e outro pelo minifúndio. Enquanto no latifúndio improdutivo ou mesmo no latifúndio subutilizado existe o desperdício do recurso terra, no minifúndio, em vista de sua exiguidade territorial, que não permite à família que nele trabalha obter uma produção que lhe garanta um nível digno de vida, boa parte de sua força de trabalho é desperdiçada. Assim, é comum o minifundiário sair de sua exígua propriedade, juntamente com os filhos maiores, e buscar emprego nos latifúndios, engrossando, em consequência, a massa de boias-frias ou trabalhadores temporários. Quando não se deslocam para as propriedades rurais maiores em busca de trabalho, dirigem-se para as cidades, aumentando as periferias urbanas. Tal situação deplorável é resultado de uma estrutura fundiária injusta que é incapaz de fixar o homem no campo e que não lhe permite obter da terra uma renda satisfatória para si e para a família.

O geógrafo chileno Pedro Cunill, estudando a América andina, assim descreve o que chamou de "feiras da fome". Apesar de ser uma observação realizada na década de 1980, possui validade nos dias atuais:

> (...) A expansão do regime de minifúndio faz com que boa parte das propriedades não chegue a produzir um excedente comercializável. Não obstante, a urgente necessidade de certos artigos, como roupas, instrumentos de trabalho e medicamentos, sem contar a precisão dos serviços de assistência e o vago anseio de desenvolvimento espiritual, obrigam o trabalhador rural a levar ao mercado local, ou a vender a um intermediário, os produtos indispensáveis à alimentação da família. Tal situação emprestou aos centros de trocas locais uma falsa aparência. Poder-se-ia acreditar que existe excesso de produção de certos artigos de primeira necessidade, quando se trata, antes, de uma espécie de feira da fome, para famílias que ali vão trocar ovos, leite, carne, milho, trigo, frango, por roupas, serviços de abastecimento, a receita do curandeiro, drogas, álcool. (...)[36]

[36] Cunill, Pedro. *A América Andina*. São Paulo, Difusão Europeia do Livro, 1988. p. 94.

A pequena renda do minifundiário e a barganha de produtos alimentares produzidos no minifúndio por artigos que não se destinam a sua alimentação contribuem ainda mais para a sua desnutrição ou fome.

Se por um lado o minifúndio, pelas razões apontadas, constitui um problema nas estruturas fundiárias, por outro, o latifúndio improdutivo ou subutilizado também não deixa de ser. Ao desperdiçarem o recurso terra, em nome do "sagrado direito à propriedade", estão, na verdade, impedindo que famílias tenham acesso a esse bem. Em consequência, tal situação não só contribui para aprofundar ainda mais a desesperança e a miséria de milhões de trabalhadores rurais mas também impede que a terra cumpra a sua função social, que é a de produzir. Impedindo que outros produzam, o latifúndio improdutivo ou subutilizado torna-se, então, juntamente com o minifúndio, um problema a ser vencido pela ação do Estado, por meio da reforma agrária. Países que a realizaram, após a Primeira Guerra Mundial, como é o caso do Reino Unido, ou de outros, após a Segunda Guerra Mundial — Japão, Coreia do Sul e Taiwan — obtiveram resultados altamente favoráveis. A reforma agrária nesses países possibilitou a inclusão social e o aumento da renda dos agricultores, e consequentemente a formação de um mercado interno de consumo de razoável poder aquisitivo. Esse mercado constituiu a base de sustentação do processo de industrialização desses países. No Brasil, o modelo de modernização conservadora impediu a reforma agrária. Somos um país industrializado subdesenvolvido; os nossos indicadores sociais atestam essa condição.

Quanto aos Estados Unidos, o *Homestead Act* (Lei da Propriedade Rural) de 1862, que permitiu ao Estado doar 160 acres de terra no oeste a quem a cultivasse pelo menos por 5 anos, além de favorecer a democratização de acesso à terra, permitiu também a formação de pequenas propriedades de base familiar. São exemplos muito diferentes da opção brasileira, que historicamente sempre valorizou a grande propriedade — a grande fazenda — em detrimento da pequena propriedade familiar.

Especialistas no assunto mostram que a grande propriedade agrícola — a agricultura patronal — está cada vez mais empregando menos trabalhadores, acarretando, em consequência, a concentração da renda e a exclusão social. Dispondo de uma oferta abundante de mão de obra barata, a agricultura patronal nada contribui para uma melhor distribuição da renda; ao contrário, favorece a sua concentração.

Mantendo-se, então, o padrão de utilização da terra calcado na grande propriedade e dificultando reformas agrárias que priorizem a agricultura familiar, dificilmente se resolverá a questão agrária que tanto aflige os países da periferia e seus trabalhadores sem-terra. No caso do Brasil, a crescente favelização das periferias das cidades motivada pelo intenso êxodo rural, a brutal desigualdade de renda existente, o acentuado caráter concentracionista da propriedade da terra rural e a dependência do país da importação de produtos básicos da alimentação (arroz e feijão, por exemplo) justificam uma reforma agrária que privilegie a agricultura familiar, desde que esta inclua efetivamente no processo significativos investimentos em tecnologias, formação de cooperativas, créditos, educação agropecuária, infraestrutura de transportes etc. Além de fixar famílias no campo, aliviando as pressões sobre as cidades, a agricultura familiar propiciará a inclusão social por meio da elevação da renda. Consequentemente, servirá para combater a pobreza e a fome, além de ampliar o mercado interno de consumo com todas as suas repercussões benéficas para as demais cadeias produtivas. O professor José Eli da Veiga, ao referir-se à agricultura familiar, diz que o padrão bem-sucedido de utilização da terra:

> (...) é característico de sociedades que valorizam a agricultura e o espaço rural e, por isso, preferem ter muitos agricultores familiares e poucos boias-frias, em vez de muitas favelas e um punhado de "reis", sejam eles do gado, da soja, da cana ou da laranja. (...)[37]

Entretanto, para que a agricultura familiar se firme no cenário agrário brasileiro, há a necessidade de se vencer um mito historicamente cons-

[37] Veiga, José Eli da. *A face rural do desenvolvimento, natureza, território e agricultura*. Porto Alegre, Ed. Universidade/UFRGS, 2000. p. 90.

truído no Brasil. O mito de que apenas a grande propriedade e a agricultura patronal com trabalho assalariado são capazes de produzir, em bases sólidas e a custos baixos, quantidades elevadas de produtos agropecuários para atender a demanda interna e externa. Concomitantemente, esse mito também desenvolveu a ideia de que os pequenos produtores ou a agricultura familiar são incapazes e ineficientes, seja por falta de tecnologia ou capital, seja por não dominarem com eficiência os princípios da administração empresarial. Isso não é correto. Analisando-se, por exemplo, a origem da produção agrícola de alimentos básicos em função da dimensão das propriedades, vê-se que são os pequenos e médios produtores rurais os responsáveis pela maior produção. No Brasil, eles respondem por cerca de 80% da produção de alimentos de base. No México, a maior parte da produção de milho — que é o alimento principal da população mexicana, desde os tempos da civilização maia — e de feijão é realizada também pelos pequenos produtores rurais. Esse fato se repete nos demais países latino-americanos, asiáticos e africanos, mostrando claramente que o mito cumpre o seu papel, ou seja, o de mascarar a realidade, favorecendo, em contrapartida, a expansão das grandes propriedades, principalmente daquelas utilizadas para a agricultura comercial de exportação, que são, justamente, as que possuem maior disponibilidade de créditos e de assistência técnica. A grande propriedade vem sistemática e crescentemente absorvendo maiores áreas e transformando-se em complexos agroindustriais de grande porte empresarial. A expansão do capitalismo no campo, tanto no Brasil como em outros países da periferia, tem levado o mundo rural a essa transformação (veremos a expansão do capitalismo no Brasil no capítulo 6). Não resta dúvida de que os complexos agroindustriais e a agricultura comercial de exportação são importantes para o Brasil; respondem, por exemplo, por cerca de 30% do PIB brasileiro. No entanto, o que se questiona é o privilégio que se dá a esse padrão de desenvolvimento agrícola, pois ele é responsável pela não fixação dos trabalhadores no campo. Considerando o Brasil — que necessita urgentemente resolver o grande problema da inserção de milhões de famílias e principalmente de jovens (estes representam mais de 50% dos desempregados no nosso país) no circuito da economia, possibilitando-lhes trabalho, educação e elevação da renda —, esse padrão é questionável. Assim, a agricultura familiar surge como uma alternativa para se combater a miséria, a pobreza e a fome. Não somente em relação ao campo, mas também quanto às cidades, pois suas populações serão beneficiadas, na medida em que o desenvolvimento da agricultura familiar implica a ampliação do mercado interno consumidor de bens produzidos pela indústria. Ao estimular a maior produção, consequentemente estará gerando mais empregos.

Cumpre também lembrar que a agricultura familiar vai ao encontro dos princípios do desenvolvimento sustentável, possibilitando atividades agrícolas adaptadas aos ecossistemas locais, respeitando os seus recursos e causando menores impactos ambientais. Tal fato não ocorre nas grandes lavouras monocultoras.

A estrutura fundiária brasileira

Entende-se por estrutura fundiária o número e o tamanho dos imóveis rurais, e sua classificação segundo as categorias dimensionais (classes de áreas). Num sentido amplo, corresponde ao conjunto das relações entre o homem e a terra, no que concerne à sua exploração, às formas predominantes existentes, ao tamanho dos estabelecimentos agrícolas e que se traduz por paisagens rurais diversificadas.

No Brasil, duas fontes tradicionais fornecem os dados relativos à estrutura fundiária: O Incra (Instituto Nacional de Colonização e Reforma Agrária) e o IBGE (Instituto Brasileiro de Geografia e Estatística).

Os dados do Incra referem-se a dados cadastrais dos imóveis rurais que permitem determinar a distribuição do espaço agrário entre os seus detentores, ou seja, proprietários e posseiros. Os dados do IBGE, obtidos por meio dos censos agropecuários, mostram os produtores rurais (proprietários, ocupantes, arrendatários e parceiros) que ocupam o espaço agrário. A pesquisa é realizada com base no número de estabelecimentos agropecuários e não no de proprietários. Assim, não considera que os proprietários podem ter mais de um estabelecimento.

Entretanto, tanto no primeiro caso (Incra), como no segundo (IBGE), nota-se o alto grau de concentração da propriedade agrária no Brasil. Enquanto a tabela 10 mostra os últimos dados disponíveis, tanto do Incra como do IBGE, a tabela 11 mostra o comportamento da estrutura fundiária do Brasil de 1970 a 1995-96, tendo por base o critério do IBGE (estabelecimentos rurais).

TABELA 10. BRASIL
ESTRUTURA FUNDIÁRIA — DADOS CADASTRAIS DO INCRA, 1998, E CENSITÁRIOS DO IBGE, 1995/1996

Classes de áreas (ha)	Imóveis rurais — Incra				Estabelecimentos — IBGE			
	Número		Área		Número		Área	
	(Mil)	(%)	Milhões	(%)	Mil	(%)	Milhões	(%)
Brasil — Total	3.587,9	100,0	415,7	100,0	4.838,1	100,0	353,6	100,0
Até 10	1.146,6	31,9	5,4	1,3	2.402,3	49,7	7,9	2,2
De 10 a 100	1.916,9	53,4	63,3	15,2	1.916,5	39,6	62,7	17,7
De 100 a 1.000	468,5	13,1	127,1	30,5	470,0	9,7	123,5	35,0
Mais de 1.000	57,9	1,6	219,9	53,0	49,3	1,0	159,5	45,1

Fonte: Incra. *Estatísticas Cadastrais 1998*, v. 1 e IBGE. *Censo Agropecuário 1995/1996.*

TABELA 11. BRASIL
ESTRUTURA FUNDIÁRIA (1970, 1975, 1980, 1985, 1995/1996 — IBGE)

Classes de áreas (ha)	Estabelecimentos — em %					Total da área ocupada pelos estabelecimentos — em %				
	1970	1975	1980	1985	1995/96	1970	1975	1980	1985	1995/96
Até 10	51,4	52,1	50,4	53,0	49,7	3,1	2,9	2,4	2,7	2,2
De 10 a 100	39,3	37,8	39,0	37,3	39,6	20,5	18,6	17,4	18,6	17,7
De 100 a 1.000	8,5	8,9	9,4	8,9	9,7	37,2	36,0	34,4	35,0	35,0
Mais de 1.000	0,8	1,2	1,2	0,8	1,0	39,2	42,6	45,8	43,7	45,1
TOTAL	100,0	100,0	100,0	100,0	100,0	100,0	100,0	100,0	100,0	100,0

Fonte: IBGE. *Anuário Estatístico do Brasil 1977* e *1982* e *Censos Agropecuários 1985* e *1995/1996.*

Considerando a tabela 10, dados cadastrais do Incra, e tomando-se por base os seus dois extremos, podemos observar:

- que os pequenos imóveis rurais (até 10 hectares) correspondem a quase um terço do total (31,9%); mas, no entanto, eles ocupam apenas

1,3% da área total — em outras palavras, "é muita gente com muito pouca área de terra";

• que os grandes imóveis rurais, com área superior a 1.000 hectares pertencem a apenas 1,6% do total de proprietários rurais, mas, no entanto, abarcam 53% do total da área dos imóveis rurais — em outras palavras, "é pouca gente com muita área de terra".

Os dados censitários do IBGE quanto à estrutura fundiária também confirmam o caráter concentracionista da posse da terra. Considerando-se também os dois extremos da tabela 10, relativos aos estabelecimentos agropecuários, vemos que:

• 49,7% dos estabelecimento rurais (de até 10 hectares) abrangem apenas 2,2% da área total ocupada por todos os estabelecimentos agropecuários;

• em contrapartida, apenas 1% dos estabelecimentos rurais, aqueles com mais de 1000 hectares, ocupam 45,1% da área total dos estabelecimentos agropecuários.

Já a tabela 11 mostra a persistência do padrão concentracionista da posse da terra entre os anos de 1970 e 1995-96. Chama a atenção o que ocorreu nesse período, com os estabelecimentos de até 10 hectares e os de 10 a 100 hectares:

• os de mais de 10 hectares tiveram o seu número diminuído de 51,4%, em 1970, para 49,7, em 1995/96; a área por eles ocupadas também declinou — de 3,1% em 1970 para 2,2% em 1995-96;

• os de 10 a 100 hectares, que em 1970 correspondiam a 39,3% do total, passaram, em 1995-96, a 39,6%; houve, portanto, um discreto aumento, entretanto, quanto à área ocupada no conjunto dos estabelecimentos, apresentaram uma diminuição de 20,5%, em 1970, para 17,7%, em 1995-96.

A explicação para tal comportamento pode ser encontrada na incorporação desses estabelecimentos por outros de maior dimensão. Corresponde àquilo que foi denominado de "fagocitose rural", ou seja, pela "semelhança com o processo biológico no qual as células englobam e digerem as outras à sua volta"[38], confirmando a tendência à concentração fundiária.

O território brasileiro possui 8.514.046,79 km^2. Desse total, cerca de 55.457 km^2 correspondem às águas internas (rios, lagos etc.). Subtraindo da área territorial a área das águas internas e transformando o resultado em hectares, o Brasil possui 845,8 milhões de hectares. Desse total, 415,5 milhões de hectares correspondem à área de imóveis rurais cadastrados pelo Incra. O restante corresponde a terras públicas, de propriedade dos governos federais e estaduais, sendo que a maior parte dessas terras encontram-se na região amazônica. Estão incluídas nas terras públicas cerca de 100 milhões de hectares pertencentes aos povos indígenas, parte delas já demarcadas e outras em processo de demarcação. Pelo Código Civil, os indígenas não têm a propriedade da terra, ela pertence à União, mas esta lhes dá posse e usufruto de tudo o que ela contém: fauna, flora, jazidas, águas etc.

Segundo as Estatísticas Cadastrais do Incra, 1998, dos 3,5 milhões de imóveis rurais cadastrados, ocupando uma área total de 415 milhões de hectares, são exploráveis[39] 323 milhões de hectares ou 77,8%. Entretanto, desse total, são explorados[40] 249 milhões de hectares, o que corresponde a 77,2%, e os restantes 73,4 milhões de hectares ou 22,8% correspondem à área explorável não utilizada, demonstrando que há uma subutilização da terra.

Do total de 73,4 milhões de hectares da área explorável não utilizada, cerca de 45% localizam-se na região Norte; 24%, na região Nordeste; 2,2%, na região Sudeste; 1,8%, na região Sul; e 27%, na região Centro-Oeste.

Sem considerar as terras públicas com suas áreas exploráveis, mas apenas as citadas acima, temos, então, 73,4 milhões de hectares ociosos. Apenas para se ter uma ideia, corresponde a 730.000 km^2, o que equi-

[38] Silva, J. F. Graziano da, coord. *Estrutura agrária e produção de subsistência na agricultura brasileira*. São Paulo, Hucitec, 1978. p. 44.

[39] O Incra conceitua área explorável como o somatório da área explorada e da área aproveitável (explorável) mas não utilizada.

[40] Área explorada: áreas com culturas reflorestadas com essências nativas, extração vegetal, pastagem e exploração granjeira ou aquícola.

vale a mais de duas vezes a área do Estado do Maranhão (328.663 km^2). Poucos países possuem uma disponibilidade de terras exploráveis como essa. Mesmo descontando-se desse total 45% de terras ociosas da região Norte, consideradas de difícil acesso, o que sobra, ou seja, 40,3 milhões de hectares é, ainda, de uma grandeza invejável. Essa cifra se aproxima da área total das terras utilizadas pelas lavouras permanentes e temporárias, no Brasil, calculadas em 46,7 milhões de hectares. Desse modo, o Brasil está desperdiçando áreas exploráveis, que no mínimo poderiam quase que duplicar a produção agrícola, considerando-se a produtividade média atual das lavouras brasileiras. O desperdício, no caso, não é só de terra, é também de gente, pois a demanda social por terra pode alcançar 4 milhões de família (nesse total estão incluídos os arrendatários, meeiros, parceiros, posseiros, minifundiários, trabalhadores rurais assalariados e sem-terra). Uma pesquisa realizada pela CNA (Confederação Nacional da Agricultura), na década de 1990, apontou que 65% dos assalariados rurais desejam ter a própria terra para trabalhar.

É inadmissível o Brasil possuir terras ociosas e, ao mesmo tempo, ter um grande contingente de famílias sem-terra, e muitas delas vivendo em condições de miséria, pobreza e desesperança. Assim, a injusta estrutura fundiária tem relação direta com a fome e a miséria. O combate à fome, à miséria e ao desemprego não pode prescindir da reforma agrária. O debate em torno do que deve predominar, se é a grande propriedade, o agronegócio ou a pequena propriedade produtiva é inútil. O importante é combinar diferentes formas ou alternativas de produção, voltadas tanto para o mercado externo como para o mercado interno. E que efetivamente os "deserdados" tenham acesso à terra, pois manter terras improdutivas ou ociosas, quando há gente disposta a trabalhá-las, é um paradoxo. É, no mínimo, um absurdo.

6. A expansão do capitalismo no Brasil: fome, miséria e pobreza

(...) A AMPLIAÇÃO DO MERCADO INTERNO PARA A INDUSTRIALIZAÇÃO BRASILEIRA SE FAZ, COMO EM TODO MUNDO CAPITALISTA, PELA PROLETARIZAÇÃO DOS CAMPONESES: ATRAVÉS DA SUA EXPROPRIAÇÃO COMO PRODUTORES INDEPENDENTES, CONVERTENDO-OS EM MISERÁVEIS "BOIAS-FRIAS".[41]

O avanço do capitalismo

Até 1930, a economia brasileira baseava-se eminentemente na agricultura, sendo o café o principal produto de exportação. Após a crise desencadeada pela quebra da Bolsa de Nova Iorque (1929), que se irradiou por todos os países capitalistas, o Brasil iniciou a diversificação de sua agricultura. Ocorreu o plantio de outras lavouras, como algodão, cana-de-açúcar, milho, amendoim, arroz etc. A dependência de um só produto (monocultura) representava um "perigo" num mercado mundial aberto a crises cíclicas. No período de 1930 a 1961, o processo de diversificação da economia se deu também por meio do desenvolvi-

[41] Silva, José F. Graziano da. *O que é questão agrária.* São Paulo, Brasiliense, 1980. p. 42. (Primeiros Passos)

mento industrial, tendo por base o sistema de substituição das importações. Foram impostas taxas alfandegárias elevadas e até mesmo a proibição da importação de determinados produtos, com o objetivo de estimular a produção nacional.

De início (1930-56), o desenvolvimento industrial concentrou-se no setor de produção de bens de consumo não-duráveis (tecidos, bebidas, louças, chapéus, utensílios domésticos, confecções de roupas etc.), seguindo sem grandes obstáculos. Nesse período, a oligarquia rural foi perdendo espaço ou poder, pois os governos da época transferiram os investimentos para o setor industrial. Na fase seguinte (1956-61), ampliou-se para produtos mais sofisticados tecnologicamente (automóveis, eletrodomésticos, navios etc.), tendo então que superar certos obstáculos. Para tanto, grandes investimentos governamentais foram realizados nos setores da produção de energia elétrica, dos transportes rodoviários, da indústria petroquímica e da siderurgia, entre outros.

Essas providências asseguraram um rápido desenvolvimento industrial, que se deu com a participação crescente do capital estrangeiro (indústria automobilística, naval mecânica, de material elétrico, química, além de outros setores como o comércio e serviços). Consolidava-se, assim, o modelo econômico dependente e associado ao capital estrangeiro.

Em seguida à instalação de indústrias pesadas, desenvolveu-se a implantação de indústria de tratores, de equipamentos agrícolas, de fertilizantes químicos, de remédios veterinários, rações etc., para modernizar a agricultura. A modernização da agricultura caracterizou-se por mudanças estritamente técnicas, ou seja, transformou a produção artesanal em produção moderna. O governo adotou, então, uma série de medidas como, por exemplo, facilidades na obtenção de créditos, a fim de estimular a aquisição de produtos industrializados por parte dos agricultores.

Os objetivos dessas mudanças que se processavam no Brasil por causa da aceleração da expansão das relações capitalistas no campo não eram somente modernizar a agricultura, aumentar sua produtividade e incorporá-la definitivamente às transformações capitalistas por que passava o Brasil. Visava-se afastar eventuais obstáculos que a agricultura poderia representar para a industrialização do país e torná-la um grande mercado comprador de produtos industriais (tratores, equipamentos agrícolas, fertilizantes etc.).

Essa expansão desenvolveu-se com grande rapidez, a partir de 1960, e prolongou-se até os dias atuais. É preciso observar, porém, que a modernização da agricultura foi e é seletiva, ocorrendo apenas para poucos proprietários rurais, aqueles com mais recursos financeiros. Além disso, não houve alteração da estrutura fundiária do país. A propriedade da terra continuou nas mãos de poucos, chegando até mesmo a se aprofundar o grau de concentração.

O avanço do capitalismo pela via não-democrática

A partir de 1964, com o Golpe de Estado que instalou um regime autoritário no país, o desenvolvimento do capitalismo no Brasil se fez por via não-democrática. Os interesses e a força de alguns grupos sociais sobrepujaram os interesses da sociedade brasileira em geral, a qual estava desejosa de mudanças sociais amplas.

A política econômica do governo, cuja prioridade passou a ser a industrialização, retirou subsídios de produtos destinados ao consumo alimentar da população (trigo, açúcar, leite, carne etc.) e os transferiu para produtos de exportação, atendendo, assim, ao setor exportador. Internamente, os preços dos alimentos elevaram-se acima dos aumentos salariais dos trabalhadores, agravando o seu já baixo nível alimentar.

O golpe foi desfechado a pretexto de acabar com a corrupção governamental, com o déficit público, com a articulação da esquerda e com a inflação, entre outros propósitos. Foram feitas também promessas relativas a uma melhor distribuição da renda, da propriedade (pelo menos a agrária) e do poder. Entretanto, na prática, esses objetivos iniciais ficaram muito aquém das expectativas.

A redistribuição da renda não foi realizada. Ao contrário, aprofundou-se brutalmente o desnível entre as classes sociais, como será visto no próximo capítulo. Quanto à redistribuição da propriedade rural, o Estatuto da Terra não conseguiu diminuir as disparidades existentes. Houve a reafirmação da grande propriedade (latifúndio) e acentuou-se a concentração da propriedade da terra nas mãos de poucas pessoas. Por sua vez, as manifestações sociais em defesa da reforma agrária passaram a ser violentamente perseguidas e reprimidas pela ditadura militar.

Quanto à redistribuição do poder, a situação ficou muito longe do que fora anunciado pelo governo. O poder foi repartido entre as tecnoburocracias civis e militares e os grandes interesses industriais e financeiros com a participação crescente das empresas transnacionais. O povo foi excluído da vida política nacional, e ficou privado de escolher seus governantes, que foram impostos de cima para baixo.

Quanto à política trabalhista do Estado ditatorial, esta seguiu a orientação patronal, selando o destino de milhões de trabalhadores rurais e urbanos. Estabeleceu um violento arrocho salarial de consequências drásticas sobre o nível alimentar da população de baixa renda. Os reajustes salariais foram realizados sempre abaixo do aumento do custo de vida. Os protestos e as greves, armas dos trabalhadores, foram proibidos através de uma legislação autoritária. Os órgãos representativos das classes trabalhadoras ficaram sob o controle do Estado. Os sindicatos foram escravizados, tornando-se apenas associações recreativas e assistencialistas.

Industrialização da agricultura e especialização da produção

Com a adoção do modelo capitalista de desenvolvimento dependente, associado e excludente, as transformações na economia brasileira se aceleraram. O Estado passou a estimular acentuadamente a entrada do capital estrangeiro, garantindo seu investimento.

No campo, o avanço do capitalismo promoveu a industrialização da agricultura e a especialização da produção agrícola, provocando um intenso êxodo rural, que acelerou o processo de urbanização. Segundo dados do IBGE, em 1960, mais da metade da população brasileira (54,9%) estava concentrada no campo, e a maior parte da população economicamente ativa (54%) dedicava-se a atividades do setor primário da economia (agricultura, pecuária, silvicultura, caça e pesca). Nos anos seguintes, essa situação se modificou com grande rapidez, como pode ser observado nas tabelas 12 e 13.

TABELA 12. POPULAÇÃO RURAL E URBANA DO BRASIL (1950-2000) (EM %)

Ano	População rural	População urbana
1950	63,8	36,2
1960	54,9	45,1
1970	44,0	56,0
1980	32,3	67,7
1991	24,5	75,5
2000	18,7	81,3

Fonte: Organizado com base em dados do IBGE. *Censo Demográfico*, 2000. p. 2-16.

TABELA 13. DISTRIBUIÇÃO DA POPULAÇÃO BRASILEIRA ECONOMICAMENTE ATIVA POR SETORES DA ECONOMIA (1950-2000) (EM %)

Setores	1950	1960	1970	1980	1991	2000
Primário	60,7	54,0	44,3	30,0	22,8	24,1
Secundário	13,1	12,7	17,8	25,0	22,8	19,3
Terciário	26,2	33,0	38,0	45,0	54,4	56,6

Fonte: IBGE. *Anuário Estatístico do Brasil 1978, 1982, 1994* e *1995* e *Pesquisa Nacional por Amostra de Domicílios 2001*, p. 94.

A urbanização decorrente das modificações por que passava a economia brasileira pressionou a especialização da produção agrícola. As tradicionais fazendas que produziam de tudo (feijão, arroz, leite, café, carne etc.), começaram a desaparecer. Foram perdendo a autossuficiência na produção de adubos e em instrumentos de trabalho. Foram se formando, então, dentro do processo de especialização da produção agrícola, as fazendas de café, de laranja, de soja, de cana-de-açúcar, de criação de gado etc. A força animal utilizada na aração da terra e no transporte da produção foi, gradativamente, substituída pelas máquinas, tratores e caminhões. Os adubos ou fertilizantes passaram a ser comprados das indústrias. Também a autossuficiência na produção de alimentos para os trabalhadores e proprietários deixou de existir, sendo substituída pela compra nas cidades. Ocorreu, assim, a ampliação da economia de mercado.

O trabalhador do campo que vivia na fazenda como colono foi dispensado e pressionado a transferir-se para as cidades, que não possuíam infraestrutura para receber mais gente nem mercado de trabalho para absorver a mão de obra liberada do campo. Muitos trabalhadores rurais tornaram-se, então, boias-frias ou trabalhadores temporários, tendo que comprar, agora, seus alimentos em supermercados, vendas ou empórios.

Os donos dos meios de produção e do capital financeiro tiveram seus lucros aumentados acentuadamente, à custa da exploração da força de trabalho a preços baixos ou aviltantes. Com isso, a fome aumentou não somente no Nordeste, mas também no Sudeste e no Sul, as regiões mais ricas do país.

Novas relações sociais de produção no campo e suas consequências

A expansão do capitalismo se processou tanto nas áreas mais povoadas do país, que já possuíam alguma infraestrutura de produção, de comercialização e de consumo, como também nas regiões menos povoadas (Centro-Oeste e Norte), pela implantação de grandes propriedades agropecuárias e da aplicação do grande capital nacional e estrangeiro.

Segundo a ideologia oficial, havia a necessidade de ocupar os "espaços vazios" por questão de segurança nacional. A construção da rodovia Transamazônica, por exemplo, foi um dos projetos governamentais de ocupação e integração do território nacional. O Incra chegou até mesmo a fazer um plano de colonização das terras ao longo do traçado dessa rodovia. A base desse plano eram as agrovilas, para onde foram deslocadas milhares de famílias (posseiros e sem-terra), principalmente nordestinas. Entretanto, havia outros interesses nessa iniciativa. O governo procurava, na realidade, aliviar as tensões sociais no Nordeste, onde havia gritantes desigualdades sociais, e no Sul e Sudeste, onde já havia ocorrido o esgotamento das fronteiras agrícolas. Mas os resultados dessa colonização dirigida foram pouco expressivos. Muitos migrantes, por falta de assistência oficial, abandonaram as terras e empregaram-se como peões nos empreendimentos do grande capital, ou voltaram para seu lugar de origem, transformando-se em trabalhadores temporários.

Em 1974, no governo militar do presidente Ernesto Geisel, foi abandonada a ideia de povoar e aproveitar economicamente a Amazônia e o Centro-Oeste, por meio da colonização dirigida. Em seu lugar, o governo introduziu a ocupação dessas vastas regiões por meio da grande empresa ou do grande capital nacional e estrangeiro. Grandes empresas, atraídas pelos incentivos fiscais e financiamentos ofertados pelo governo, instalaram enormes projetos agropecuários nos anos 1970 e seguintes na Amazônia Legal[42] (Volkswagen, Bradesco, Bamerindus, Sadia, Suiá-Missu, Frigorífico Atlas S. A., Camargo Corrêa, Banco de Crédito Nacional, Projeto Jari, entre outros). Essa opção governamental pelo grande capital demonstrou, mais uma vez, a preferência oficial histórica pela grande propriedade em vez da pequena. Com a política governamental de incentivos fiscais, várias empresas industriais e de serviços tornaram-se também agropecuárias e latifundiárias.

> (...) Assim, a chamada modernização da agricultura não vai atuar no sentido da transformação dos latifundiários em empresários capitalistas, mas, ao contrário, transformou os capitalistas

[42] Com a Sudam (Superintendência do Desenvolvimento da Amazônia), em1966, órgão federal criado para planejar o desenvolvimento da Amazônia, surgiu a seguinte questão: até onde se estende espacial ou territorialmente a Amazônia para fins de planejamento da Sudam? Para definir a área de atuação, a Sudam delimitou territorialmente um espaço, que recebeu o nome de Amazônia Legal, que compreende: a área total dos estados de Rondônia, do Acre, do Amazonas, de Roraima, do Pará, do Amapá e de Mato Grosso; e mais a porção territorial do oeste do meridiano 44° O, que corta o estado do Maranhão, e a porção territorial ao norte do paralelo 13° S, que corta o estado de Tocantins.

industriais e urbanos — sobretudo do Centro-Sul do país — em proprietários de terra, em latifundiários. (...)[43]

A chegada dos grandes projetos agropecuários e minerais na Amazônia, além de causar grandes desmatamentos ou destruição florestal e de ecossistemas, gerou conflitos de interesses entre as partes envolvidas na utilização da terra. Os interesses das grandes empresas passaram a conflitar com os interesses dos indígenas, dos posseiros, dos sem-terra, dos fazendeiros, dos grileiros, dos garimpeiros, dos pequenos produtores rurais e da sociedade brasileira de modo geral. Quando não perderam as suas terras ou viram as suas dimensões encolherem, os indígenas foram contagiados e mortos pelas doenças levadas pelos novos conquistadores, assassinados ou ainda transformados em peões ou mão de obra barata. O garimpeiro foi vencido em várias áreas pela empresa de mineração. O pequeno agricultor, pela grande empresa agropecuária. Os sem-terra foram submetidos à condição de servidão. O posseiro foi expulso de sua roça e transformado em peão. E, em meio a tudo isso, a grilagem e a compra e venda de terras enriqueceu muita gente. Os trabalhadores do extrativismo vegetal, como os seringueiros e castanheiros, entraram em conflito com as empresas madeireiras e agropecuárias. Lutam, até hoje, para que a floresta não seja derrubada e substituída pela formação de pastagens ou para extração de madeira, pois elas são para eles a fonte de vida, fornecem-lhes sustento.

Com o avanço do capitalismo no campo, as formas pré-capitalistas ou semifeudais de relações sociais de trabalho, como chamam alguns autores, representadas pelo morador ou agregado, pela parceria ou ainda por outras formas, foram substituídas, em sua maior parte, por relações assalariadas de produção, firmando-se, em consequência, a agropecuária patronal. As novas relações deram origem à formação de um grande proletariado rural. Também contribuíram para o intenso êxodo rural e, consequentemente, para o aumento considerável da massa de proletariado urbano.

43 Oliveira, Ariovaldo Umbelino de. "A longa marcha do campesinato brasileiro: movimentos sociais, conflitos e reforma agrária". *Estudos Avançados*, 2002, v. 15, n. 43, São Paulo, Instituto de Estudos Avançados da Universidade de São Paulo. p.186.

Expulsos do campo, privados do acesso à propriedade da terra e de seus frutos, transformados em trabalhadores assalariados temporários e submetidos a severas condições de trabalho e baixos salários (incluindo relações de escravidão por dívida, trabalho infantil e peonagem), os tra-balhadores rurais viram sua condição social se agravar e seu nível alimentar e de saúde decresceram assustadoramente.

Condições de vida da população brasileira com as transformações capitalistas

A questão que se levanta, neste tópico, é saber, após cerca de 50 anos do avanço do capitalismo no Brasil, como se apresentam as condições sociais da população brasileira. Existe, historicamente, no nosso país, uma grande dívida social. Milhões de brasileiros ainda vivem em estado de penúria, privados do acesso a bens e serviços mais elementares para a existência humana. Paradoxalmente, o Brasil, no conjunto dos 192 países existentes no mundo, possui o 12º PIB (Produto Interno Bruto). Entretanto, isso não pode ser motivo de orgulho, não pode ser festejado, enquanto grande parcela da população brasileira vive na condição de pobreza e miséria.

Celso Furtado, referindo-se ao Brasil, coloca a questão:

> (...) Cabe a pergunta: houve desenvolvimento? Não: o Brasil não se desenvolveu; modernizou-se. O desenvolvimento verdadeiro só existe quando a população em seu conjunto é beneficiada. (...)[44]

E foi isso que ocorreu no Brasil, nos últimos 50 anos. Houve um crescimento significativo da economia, entretanto, este não foi acompanhado pelo desenvolvimento social. O Brasil apenas modernizou-se.

44 Furtado, Celso. *Em busca de novo modelo*: reflexões sobre a crise contemporânea. São Paulo, Paz e Terra, 2002. p.21.

"Fez o bolo crescer", mas não o repartiu entre todos. Os melhores pedaços foram apropriados por poucos, outros por outra parte e as migalhas que restaram ficaram para grande parcela da sociedade brasileira. Assim, a ausência de políticas econômicas distributivas da riqueza e a falta de consistentes políticas públicas sociais contribuíram para o aprofundamento de arquipélagos de pobreza e miséria, em convivência com ilhas de prosperidades. Contribuiu-se, dessa forma, para o aumento dos excluídos ou "cuspidos" da sociedade, segundo a expressão do cientista político alemão Robert Kurtz.

O Brasil já foi chamado de Belíndia, uma alusão à Bélgica e à Índia, ou seja, possui áreas desenvolvidas, a exemplo da Bélgica, e outras que contam com todos os agravantes conhecidos do subdesenvolvimento e da exclusão social que caracterizam a Índia. Essa denominação não tem nada de exagero. Basta, por exemplo, que viajemos pelo Brasil e que observemos de perto a sua realidade social, as contradições que o cercam e os seus contrastes sociais e econômicos gritantes, para notarmos as disparidades sociais. Ou ainda, inteirar-se de seus indicadores sociais para perceber que existem "dois Brasis": o da inclusão e da exclusão social, o da riqueza e da pobreza, mas fundidos dialeticamente em um só.

Em 1960, a renda apropriada pelos 10% mais ricos da sociedade brasileira era 34 vezes superior à apropriada pelos 10% mais pobres. No ano 2000, essa diferença elevou-se para 45, aumentando ainda mais o fosso entre os 10% mais ricos e os 10% mais pobres no Brasil. Na Europa, essa relação ou diferença encontra-se em torno de cinco vezes. Não apresenta, então, a grande disparidade que existe no nosso país. Aqui, como em outros países da periferia, a opulência de alguns convive com a miséria de muitos.

Embora os dados utilizados para a medição da pobreza sejam divergentes, segundo as fontes de informações e instituições de pesquisa, existe, entretanto, um consenso em relação a sua magnitude. Os conceitos de pobreza, miséria ou indigência carecem de uniformidade entre os estudiosos, sendo, muitas vezes, um tomado pelo outro. Paulo

Sandroni, em seu *Novo dicionário de Economia*, não faz distinção entre pobreza e miséria:

> Pobreza — Estado de carência em que vivem indivíduos ou grupos populacionais, impossibilitados, por insuficiência de rendas ou inexistência de bens de consumo, de satisfazer suas necessidades básicas de alimentação, moradia, vestuário, saúde e educação. O problema está ligado à capacidade produtiva da sociedade, embora atinja até mesmo camadas sociais marginalizadas de países altamente desenvolvidos. (...)[45]

Anna Maria Peliano e Nathalie Beghin[46] assim explicam a condição de indigência e a chamada linha de pobreza:

> (...) Assim são considerados indigentes todos aqueles cuja renda dá apenas, e na melhor das hipóteses, para garantir a alimentação adequada, ou seja, para adquirir uma cesta básica. Da mesma forma, a linha de pobreza corresponde a um nível de renda que permite cobrir, além do custo da cesta de alimentos, outras necessidades básicas como saúde, educação, habitação, transporte e vestuário (...)

No estudo *Relatório brasileiro sobre desenvolvimento social*, o diplomata brasileiro Luiz Felipe Lampeia considera:

> (...) *pobres* (aqueles cuja renda, inferior à linha de pobreza, não permite atender suas necessidades básicas de alimentação, moradia, vestuário, etc.), *indigentes* (aqueles cuja renda não permite atender nem mesmo às necessidades básicas alimentares) e *não-pobres* (aqueles cuja renda se situa acima da linha de pobreza). (...)[47]

---

45 Sandroni, Paulo. *Novo dicionário de Economia*. Rio de Janeiro, Best Seller, 1994. p. 274.

46 Peliano, Anna Maria e Beghin, Nathalie. O inacessível pão de cada dia. *Ciência Hoje*, Rio de Janeiro, SBPC, v. 17, n. 100, maio/jun. 1994. p. 54.

47 Lampeia, Luiz Felipe. "Relatório brasileiro sobre desenvolvimento social". *Estudos Avançados*. São Paulo, Instituto de estudos Avançados da Universidade de São Paulo, v. 9, n. 24, maio/ago. 1995. p. 19.

O PNUD (Programa das Nações Unidas para o Desenvolvimento) e o IPEA (Instituto de Pesquisa Econômica Aplicada), que é um órgão vinculado ao Ministério do Planejamento, Orçamento e Gestão do Brasil, também consideram o conceito de pobreza e de indigência da forma como foi explicitado pelas autoras citadas anteriormente, reconhecendo:

> (...) Embora pobreza seja um fenômeno complexo, relacionado a diversos tipos de carências, e portanto mensurável por diferentes metodologias, em geral a avaliação de sua dimensão tem como ponto de partida a associação de pobreza à insuficiência de renda (...)[48]

O Banco Mundial, por sua vez, considera pobres os indivíduos que "vivem" com menos de um dólar diário.

Há também a compreensão de que pobreza seja o "estado de privação de bens e serviços", ou ainda que pobre é aquele que possui um conjunto de necessidades básicas insatisfeitas, como por exemplo: "densidade de pessoas por dormitório maior que 3,5; o domicílio do tipo rústico (sem ser de alvenaria); não ter sistema de esgoto; não poder garantir a frequência de crianças de sete a onze anos à escola"[49] etc. Após o cruzamento de vários indicadores, chega-se a várias situações, incluindo a de pobres por Necessidades Básicas Insatisfeitas (NBI), que correspondem àquelas famílias acima da linha de pobreza e com necessidades básicas insatisfeitas.

Já a economista Sônia Rocha, da Fundação Getúlio Vargas, adverte:

> Quando se trata de pobreza e de indigência no Brasil, é frequente, especialmente na imprensa, associar pobreza e fome. Entretanto, na maior parte das vezes isto é incorreto, na medida em que o número de pobres ou de indigentes está sendo defi-

[48] *Relatório sobre desenvolvimento humano no Brasil*, 1996. Rio de Janeiro, IPEA, Brasília, PNUD, 1996. p. 22.

[49] Soares, Laura Tavares. *O desastre social*. Rio de Janeiro, Record, 2003. p. 49.

> nido a partir da renda e não da situação nutricional. Assim, embora os indigentes sejam definidos como aqueles cuja renda *per capita* é insuficiente para a aquisição de uma alimentação adequada, eles não são necessariamente subnutridos. Utilizar a linha de indigência para delimitar a população que passa fome significa, felizmente, superestimar o tamanho do problema (...).[50]

A estimativa de indigentes, no Brasil, segundo a referida economista, é de 16 milhões.

Existe, como se percebe, uma certa proximidade de conceitos. Entretanto, existe a questão das metodologias empregadas nas pesquisas. Metodologias diferentes chegam a resultados diferentes. É por isso que muitas vezes nos deparamos com dados que "não batem" na mensuração de uma ocorrência, no caso, da pobreza e da indigência. Também existem críticas quanto à mensuração da pobreza apenas pela renda. Além da observação feita por Sônia Rocha, outras apontam que esse critério é reducionista, quando se sabe que existem outros fatores e variáveis que envolvem a questão, como, por exemplo, o valor da produção para autoconsumo, que, no caso dos pequenos agricultores, é um componente muito importante da sua renda real.

Segundo estimativas do Instituto Cidadania[51] , havia no Brasil, em 1999, cerca de 44 milhões de brasileiros abaixo da linha de pobreza, o que equivale a 26% da população total, assim distribuídos: 9%, na região Norte; 49%, na região Nordeste; 26%, na região Sudeste; 10%, na região Sul; e 6%, na região Centro-Oeste.

No seminário *Combate à fome e à pobreza*, promovido pela Folha de S. Paulo e pelo IPEA, no final de maio de 2002, o Centro de Políticas Sociais da Fundação Getúlio Vargas apresentou o número de 50 milhões de pobres no Brasil, o que corresponde a 29,3% da população total[52].

---

50 Rocha, Sônia. *Pobreza no Brasil, afinal de que se trata?* Rio de Janeiro, FGV, 2003. p. 173 e 174.

51 *Fome Zero: uma proposta de política de segurança alimentar.* São Paulo, Fundação Djalma Guimarães, set. 2001.

52 *Folha de S.Paulo*, 31/maio/2002, p. A8.

O IPEA considera que os números de pobres e de indigentes, em 2000, são respectivamente: 54 milhões de pessoas (32% da população) e 22 milhões (13% da população)."[53]

GRÁFICO 4. BRASIL — PROPORÇÃO DE POBRES (1990-2000) (% DA POPULAÇÃO TOTAL)

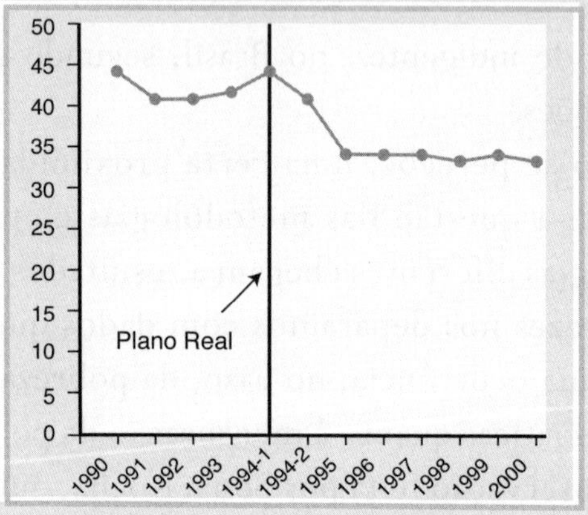

Fonte: IPEA. *A segurança alimentar e nutricional e o direito humano à alimentação no Brasil.* Brasília, maio 2002. p. 20.

GRÁFICO 5: BRASIL — PROPORÇÃO DE INDIGENTES[1] (1990-2000) (% DA POPULAÇÃO TOTAL)

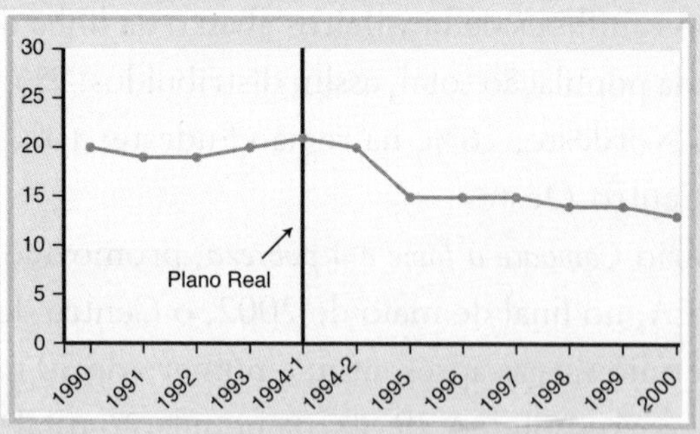

[1] A proporção de indigentes está incluída na proporção de pobres.

Fonte: IPEA. *A segurança alimentar e nutricional e o direito humano à alimentação no Brasil.* Brasília, maio 2002. p. 20.

---

53 IPEA, *A segurança alimentar e nutricional e o direito humano à alimentação no Brasil*, Brasília, maio 2002, p. 20.

Já o Relatório do Desenvolvimento Humano, 2000, do PNUD, indica que 17,4% da população brasileira encontra-se abaixo da linha de pobreza nacional.

Vê-se que são dados divergentes. Resultam, como já apontamos, de conceitos e metodologias diferentes. Essas divergências, se por um lado dificultam o planejamento e a execução de políticas públicas de combate à pobreza e à fome, por outro servem para alertar quanto à necessidade de aperfeiçoar-se o critério de sua mensuração. Entretanto, apesar de não existir um consenso quantitativo, o fato é que a pobreza e a indigência existem. Sejam elas 26%, 29,3%, 17,4%, 32% ou ainda 13% da população brasileira, qualquer um desses percentuais é expressivo, sobretudo, inadmissível e intolerável. Requerem do Estado e da sociedade brasileira ações urgentes para superá-los. Entretanto, tais ações envolvem não só providências efetivas ou determinação política, mas, sobretudo, a mudança do modelo político e econômico, ou seja, a substituição do modelo de modernização conservadora associada ao capital financeiro que há anos beneficia uma minoria, mas que, em contrapartida, penaliza a grande maioria da sociedade brasileira, para um "modelo produtivista de crescimento acelerado e inclusão social."[54]

Transcorridos cerca de cinquenta anos de modernização conservadora, vemos que o contingente de subcidadãos, no Brasil, é elevado. No nosso entender, isso constitui uma prova contundente da incapacidade do modelo em promover a inclusão social e beneficiar a todos e não apenas uma parte do todo. É, portanto, um modelo econômica e socialmente antidemocrático e injusto. Um modelo que impede que milhões de brasileiros tenham uma vida digna e perspectivas promissoras é, sem dúvida alguma, um modelo indesejável. Subtraindo as possibilidades de uma vida plena, reafirmando e ampliando as injustiças em todas as esferas da vida social, invertendo ou aniquilando sistemas de valores, o modelo tem impulsionado, como já foi dito, a exclusão social. Nas grandes e médias cidades, os contrastes extremos entre riqueza/poder e pobreza/indigência e a usurpação dos direi-

[54] Genro, Tarso. *Folha de S.Paulo*, 18 maio 2003.

tos deste último grupo tornam a vida urbana prenhe de tensões sociais, cuja manifestação mais gritante é a violência, fato que pode ser entendido como resultante da incapacidade do modelo ou do Estado brasileiro em promover a inserção social. No campo, as injustiças decorrentes do modelo conservador, que aliás impede a realização da reforma agrária ampla e do acesso do camponês à terra, também gera tensões sociais traduzidas, muitas vezes, pelo confronto entre proprietários de terra, grileiros e sem-terra. Esse modelo torna-se ainda mais questionável quando se considera que há uma grande parcela de desnutridos, com um consumo médio de 1650 calorias/pessoa/dia, fato que coloca o Brasil na categoria 3 (de 1 a 5, segundo proporções crescentes de desnutridos) da classificação realizada pelo FAO, quando, segundo essa mesma instituição, o nosso país tem uma disponibilidade de alimentos *per capita* na ordem de 2960 calorias/dia, superior, portanto, ao mínimo recomendado de 1960 calorias/dia.

TABELA 14. BRASIL E GRANDES REGIÕES — DISTRIBUIÇÃO DAS FAMÍLIAS RESIDENTES EM DOMICÍLIOS PARTICULARES, SEGUNDO AS CLASSES DE RENDIMENTO MENSAL FAMILIAR (2001)

Classes de rendimento mensal familiar[1]	Distribuição das famílias residentes em domicílios particulares (%)					
	Brasil[2]	Grandes regiões				
		Norte urbana	Nordeste	Sudeste	Sul	Centro-Oeste
Até 1	13,1	13,0	25,1	8,1	8,0	11,0
Mais de 1 a 2	19,2	22,7	27,4	14,7	16,8	20,2
Mais de 2 a 3	14,6	16,8	15,3	13,6	14,7	16,9
Mais de 3 a 5	18,1	18,3	12,2	20,3	21,9	18,4
Mais de 5 a 10	16,5	14,3	8,0	20,4	21,1	15,5
Mais de 10 a 20	8,1	6,0	3,6	10,6	9,3	8,0
Mais de 20	4,5	2,9	1,9	5,9	4,6	5,5
Sem rendimento[3]	3,8	5,4	4,0	3,5	2,4	3,5
Sem declaração	2,1	0,6	1,7	2,9	1,2	1,0
TOTAL	100,0	100,0	100,0	100,0	100,0	100,0

[1] Exclusive o rendimento das pessoas cuja condição na família era de pensionista, empregado doméstico ou parente de empregado doméstico.
[2] Exclusive as famílias da área rural de Rondônia, Acre, Amazonas, Roraima, Pará e Amapá.
[3] Inclusive as famílias cujos componentes receberam somente em benefícios.

Fonte: IBGE. *Pesquisa Nacional por Amostra de Domicílios*. 2001. p. 196.

Como o acesso ao alimento depende, em larga medida, da renda, e grande parte das famílias brasileiras possui baixa ou baixíssima renda, a desnutrição ou fome ocorre em nosso país na proporção citada pela FAO (no capítulo 7, trataremos da questão da renda e alimentação).

A tabela da página anterior fornece dados relativos ao rendimento mensal familiar no Brasil no ano de 2001. A sua interpretação é bastante esclarecedora, mas, sobretudo, estarrecedora, considerando que nada justifica essa injusta condição social de milhões de famílias de nosso país.

A Pesquisa Nacional por Amostra de Domicílio, 2001, do IBGE, considerou como rendimento familiar a soma dos rendimentos mensais dos componentes da família. Assim, observando-se a tabela 14, temos:

• de cada cem famílias no Brasil, 13,1% possui um rendimento familiar de até 1 salário mínimo, e 19,2 %, entre 1 e 2; somadas, representam um terço do total de famílias cujo rendimento, sendo muito baixo, não lhes permite atender às suas necessidades básicas de alimentação, vestuário, moradia etc.; vivem, portanto, em estado de pobreza e de indigência.

• o baixo rendimento mensal ou a pobreza e a indigência apresentam um componente regional, ou seja, é mais acentuado no Nordeste e no Norte Urbano, conforme pode ser observado na tabela 14. No Nordeste, 25,1% das famílias possui um rendimento mensal familiar de até 1 salário mínimo e 27,4% entre mais de 1 a 2; no Norte Urbano, respectivamente, 13% e 22,7%.

Um outro dado significativo na avaliação do baixo rendimento mensal da população brasileira é o referente às pessoas ocupadas, ou seja, aquelas que tinham trabalho durante todo ou parte do período em que foi realizado o levantamento de dados (23 a 29 de setembro de 2001). Segundo a Pesquisa Nacional por Amostra de Domicílio, 2001, foram ainda incluídas nessa pesquisa as pessoas que não exerceram o trabalho remunerado que tinham na semana de referência por motivo de férias, licença, greve etc.

A exemplo da tabela 14, vê-se que na tabela 15 o componente regional da pobreza é acentuado. Atinge proporções mais elevadas nas regiões Norte e Nordeste.

Lembramos, ainda, que nas regiões metropolitanas do Brasil existe também, de forma acentuada, a pobreza, ou seja, existe uma metropolização da pobreza. Calcula-se que cerca de 50% dos pobres metropolitanos localizam-se no Rio de Janeiro e São Paulo. A região Sudeste, tida como o coração econômico do Brasil, reproduz também no seu espaço geográfico as contradições que caracterizam a sociedade brasileira no seu todo: a opulência e a pobreza e a violência urbana daí decorrente.

TABELA 15. BRASIL E GRANDES REGIÕES — DISTRIBUIÇÃO DAS PESSOAS DE 10 ANOS OU MAIS DE IDADE OCUPADAS, SEGUNDO O RENDIMENTO MENSAL, EM SALÁRIOS MÍNIMOS (2001)

Classes de rendimento mensal em salários mínimos	Brasil[1]	Grandes regiões				
		Norte urbana	Nordeste	Sudeste	Sul	Centro-Oeste
Até 1	24,1	27,0	41,0	16,5	16,1	22,1
Mais de 1 a 2	26,0	31,2	21,3	27,0	27,7	30,8
Mais de 2 a 3	12,9	13,2	6,6	16,1	14,6	13,5
Mais de 3 a 5	11,0	10,5	5,0	14,3	12,8	10,4
Mais de 5 a 10	7,9	6,8	3,2	10,8	8,2	8,2
Mais de 10 a 20	3,5	2,5	1,6	4,8	3,5	4,0
Mais de 20	1,6	1,2	0,6	2,1	1,4	2,1
Sem rendimento[2]	11,6	7,1	19,5	6,3	15,0	8,1
Sem declaração	4,4	0,4	1,1	2,2	0,7	0,7

[1] Exclusive a população da área rural de Rondônia, Acre, Amazonas, Roraima, Pará e Amapá.
[2] Inclusive as pessoas que receberam somente em benefícios.

Fonte: IBGE. *Pesquisa Nacional por Amostra de Domicílios*. 2001. p. 130.

O Brasil foi contemplado, no ano de 2003, com um trabalho exaustivo de um grupo de pesquisadores brasileiros. Foi publicado o *Atlas de exclusão social no Brasil*[55] em dois volumes, que mostram a radiografia do país quanto às suas condições sociais, ou seja, a exclusão e a inclusão social. É um trabalho de análise obrigatória para todos aqueles que de-

[55] Pochmann, Marcio e Amorim, Ricardo (orgs.). *Atlas de exclusão social no Brasil*. São Paulo, Cortez, 2003, e Campos, André et alii (orgs.). *Atlas de exclusão social no Brasil*: dinâmica e manifestação territorial. v. 2. São Paulo, Cortez, 2003.

sejam participar da construção de um país melhor e socialmente mais justo, e particularmente pelos órgãos de administração pública federal, estadual, municipal, regional etc. Tais atlas fornecem subsídios valiosos para nortear as políticas públicas no nosso país. Apontam o índice de exclusão social de todos os municípios brasileiros. Como nos referimos, é um trabalho exaustivo, de peso e que contribui, inegavelmente, para o descortinamento da realidade social. Possibilita que se veja, de forma objetiva, a precaríssima situação social de grande parte do povo brasileiro, como resultado da irresponsabilidade histórica de nossos governantes e das elites do país no processo de construção de uma nação com bases tão frágeis.

Instrumentalizando ou considerando diversas variáveis ou índices — analfabetismo, grau de instrução, emprego, pobreza, desigualdade, concentração de jovens e violência, o grupo de pesquisadores chegou ao índice de exclusão social de todos os 5.507 municípios brasileiros existentes no ano 2000.

Segundo os autores, o índice de exclusão social varia de zero a um; as piores condições de vida equivalem a valores próximos a zero, enquanto as melhores situações sociais estão próximas de um. Observe a geografia brasileira da exclusão social no mapa que segue. Ele é apenas uma síntese dos vários mapas do índice de exclusão social por estados brasileiros e por regiões metropolitanas, contidos nos atlas.

Conforme os autores ressaltam:

> (...) As lacunas deixadas pela falta de reformas agrárias, tributária e sociais tornaram o capitalismo brasileiro uma máquina de produção e reprodução de desigualdades.[56]

A persistência das desigualdades brutais de renda foi confirmada pelo Relatório do Desenvolvimento Humano, 2003 do PNUD[57]. Nesse

[56] Pochmann, Marcio e Amorim, Ricardo (orgs.), op. cit., p. 21
[57] *Site* www.pnud.org.br.

Fonte: Pochmann, Marcio e Amorim, Ricardo (orgs.). *Atlas de exclusão social no Brasil*. São Paulo, Cortez, 2003. p. 27.

último estudo, montado com base em dados de 2001, o Índice de Desenvolvimento Humano (IDH) do Brasil foi de 0,777, correspondendo a 65ª colocação no *ranking* mundial de 2001 (o IDH é montado com base em dados dos dois anos anteriores).

O IDH de 0,777 é, no entanto, relativo ao Brasil como um todo. Considerando-se as macrorregiões do país e os estados da federação, o índice de desenvolvimento humano se altera. Enquanto, por exemplo, as regiões Sul e Sudeste possuem IDH superior a 0,800, a região Nordeste possui IDH entre 0,500 a 0,600, sendo que na Paraíba é inferior à 0,500, confirmando, assim, o componente regional da pobreza mais acentuada.

IDH — Índice de Desenvolvimento Humano

O IDH é um dado ou indicador numérico utilizado para avaliar o desenvolvimento humano dos países ou sociedades do mundo. É calculado tendo por base três indicadores socioeconômicos combinados entre si de uma população:

- a longevidade ou esperança de vida ao nascer;
- o grau de instrução representado pelo índice de alfabetização de adultos e pela escolaridade primária e secundária (que corresponde, no Brasil, ao ensino fundamental e médio) e superior;
- O PIB *per capita* ou a renda.

De posse do índice de cada um desses indicadores, é calculado o IDH de cada país, classificando-o da seguinte forma:

- países de IDH elevado: IDH igual ou superior a 0,800;
- países de IDH médio: IDH entre 0,500 e 0,799;
- países de IDH baixo: IDH de menos de 0,500.

A longevidade da população brasileira, que é de 68,5 anos, quando comparada à dos países desenvolvidos, que se encontra próxima dos 80 anos, e mesmo em relação à de países da periferia (Cuba, 75,7; Chile, 74,9; Argentina, 72,9; Uruguai, 73,9; México, 72,2 etc.) ainda é baixa; ocupa apenas a 110ª posição entre os 175 países estudados. Conforme o Relatório de Desenvolvimento Humano, 2003, em duas décadas e meia, houve um acréscimo de 8 anos na esperança de vida ao nascer do brasileiro.

Quanto à educação, houve progressos significativos. A taxa de alfa betização de adultos (15 anos ou mais) cresceu de 82%, em 1990, para 87,3%, em 2001, e a taxa de matrícula de crianças entre 7 e 14 anos no ensino fundamental saltou de 86%, em 1990, para 97%, em 2001. Em relação ao ensino médio, houve também avanços importantes — a taxa de matrícula pulou de 15% , em 1990, para 71%, em 2001.

Vê-se, por esses dados apresentados, que houve avanços expressivos, principalmente quanto à educação. Entretanto, quanto à renda *per capita*, indicador utilizado para medir o grau de desenvolvimento de um país (obtido a partir da divisão da renda total pela população), o desempenho continuou sendo modesto ou medíocre. No período de 1975 a 2001, enquanto a renda *per capita* mundial apresentou um crescimento médio anual de 1,2%, a dos países desenvolvidos, 2,1%, a dos países da periferia, 2,3%, a do Brasil ficou na média de apenas 0,8% ao ano, abaixo da taxa de crescimento populacional. Resultado: a pobreza ampliou-se, e novas categorias de desigualdade ou de exclusão social (nova exclusão social, segundo os autores dos atlas de exclusão social do Brasil) foram incorporadas à realidade social do país: moradores de rua, crianças abandonadas, desemprego acentuado e de longa duração, mesmo para as pessoas com maior escolaridade, trabalho infantil e explosão da violência. O modelo de desenvolvimento conservador não deu conta de melhorar a situação social do Brasil — aliás, ele nunca teve esse propósito — ao contrário, provocou um grande desastre social, aumentou a exclusão social.

> (...) A exclusão social constitui uma marca inquestionável do desenvolvimento capitalista brasileiro. (...)[58]

É o caso de perguntar: por que é marca do capitalismo brasileiro?

Porque as elites brasileiras nunca tiveram preocupações sociais. Os seus olhares, raramente, ultrapassaram os limites de seus próprios umbigos. Por incrível que possa parecer, sempre contrariaram a própria lógica do capitalismo, que, como se sabe, é um sistema que está embasado no "ato de produzir e de fazer consumir para produzir mais e obter lucros". Assim, à medida que não ocorre a ampliação do mercado de consumo, ou não se dá a incorporação do conjunto de pobres ou deserdados do sistema a este, ou ainda que não se promova a elevação de seus rendimentos ou de seu nível de vida, contraria-se a própria lógica do sistema. Diante disso, acreditamos, não é exagero admitir que esse comportamento histórico das elites brasileiras revela, no mínimo, uma estreiteza de ideias.

[58] Campos, André et alii (orgs.), op. cit., p. 33.

7. Relação entre renda e alimentação no Brasil

Em 1960, um trabalhador no Brasil, a fim de alcançar remuneração suficiente para adquirir a cesta básica de alimentos, precisava trabalhar 81 horas e 30 minutos. Mas em 2001, 41 anos depois, são necessários 162 horas e 2 minutos.[59]

O estudo das condições de alimentação de uma população não pode ser realizado sem levar em conta o seu rendimento. A baixa renda explica em grande parte por que se produz fome e quais grupos são mais afetados.

Em 1938, após longo processo de luta da classe operária, o governo Vargas instituiu como direito de todo trabalhador, homem ou mulher adulto, o salário mínimo, ou seja, a menor remuneração permitida por lei, pago pelo empregador para o empregado (Decreto-lei nº 399 de 30 de abril de 1938).

O valor do salário mínimo foi estabelecido visando satisfazer, em nível adequado, às necessidades básicas do trabalhador (alimentação, vestuário,

59 Fonte dos dados: *Saúde e Trabalho no Brasil*, Rio de Janeiro/Petrópolis, Ibase/Vozes, 1982, p. 27 e Departamento Intersindical de Estatística e Estudos Socioeconômicos — Dieese, extraído do *site* www.dieese.org.br.

produtos de higiene e transporte). Entretanto, passados todos esses anos, esse direito, reconhecido em 1938, foi se diluindo, na prática. Ocorreu uma perda considerável do valor real do salário mínimo, ou seja, o seu poder de compra se deteriorou, em vista dos crescentes aumentos do custo de vida, comprometendo, em consequência, as condições de vida do trabalhador. Não conseguindo repor a energia física e mental despendida no trabalho por meio de uma alimentação adequada, e muito menos suprir suas outras necessidades, os trabalhadores de salário mínimo passaram a engrossar a massa dos despossuídos ou excluídos. Levando em conta que as despesas de transporte e de aluguel da casa, cortiço ou barraco são mais difíceis de ser desprezadas, resta-lhes, então, a lamentável alternativa de cortar ou diminuir despesas com a alimentação. Necessitando trabalhar cada dia mais e alimentando-se cada vez menos, seja em quantidade ou qualidade, as consequências para sua saúde e a de sua família tornam-se drásticas.

Para se ter ideia da defasagem do salário mínimo ao longo dos últimos 40 anos, observe a tabela 16. Ela mostra a quantidade necessária de horas de trabalho ao longo dos anos relacionados que o trabalhador teve que despender para adquirir a cesta básica de alimentos. Repare que houve uma perda significativa no valor real do salário mínimo entre os anos de 1960 e 2001. Ele não mais recuperou o seu valor real de 1960, contribuindo, como já apontamos, para o comprometimento da condição de vida de grande parcela da população brasileira e da ampliação de sua vulnerabilidade às doenças. Entre as pessoas com rendimento mensal de até um salário mínimo, a expectativa de vida, ao nascer, é menor que as de maior rendimento. E, no entanto, todo ser humano tem o direito de viver o maior número de anos possível.

A tabela 16 mostra que em 2001, em relação a 1960, o trabalhador, para adquirir a ração mínima necessária para a sua sobrevivência, teve que dobrar as suas horas de trabalho. E isso se deve à política de arrocho salarial das últimas décadas. Assim, milhões de trabalhadores têm sido lançados às fileiras do grande contingente dos despossuídos, dos pobres e dos miseráveis, facilitando, em contrapartida, o projeto de modernização conservadora, que tem se beneficiado amplamente do grande estoque de mão de obra a preço aviltante. Enquanto para as famílias cujos rendimentos se colocam em patamares superiores a vinte salários mínimos, as despesas com alimentação representam menos de 15% da renda familiar, para as que ganham até dois salários mínimos, correspondem a cerca de 50% a 60% do orçamento. No Brasil, os alimentos não se destinam a quem precisa, mas àqueles que têm renda para comprá-los.

TABELA 16. BRASIL
DEFASAGEM SALÁRIO MÍNIMO/ALIMENTAÇÃO

Ano	Horas de salário mínimo para a aquisição da ração mínima ou cesta básica
1960	81 horas e 30 minutos
1970	105 horas e 11 minutos
1975	149 horas e 40 minutos
1980	175 horas e 22 minutos
1985	175 horas e 30 minutos
1987	208 horas e 28 minutos
1988	167 horas e 48 minutos
1993	174 horas e 46 minutos
1994	225 horas e 10 minutos
1995	219 horas e 19 minutos
1996	193 horas e 46 minutos
1999	175 horas e 42 minutos
2000	172 horas e 41 minutos
2001	162 horas e 2 minutos

Obs.: O cálculo refere-se apenas à cidade de São Paulo; em outras capitais, constatou-se menos tempo. Em Porto Alegre, 1999, por exemplo, 168 horas e 23 minutos.

Fonte: *Saúde e Trabalho no Brasil*, Rio de Janeiro/Petrópolis, Ibase/Vozes 1982, p. 27 e Dieese, *Anuário Estatístico dos Trabalhadores*, 2000-2001. p. 54; para os dados de 2000 e 2001, foi consultado o *site* www.dieese.org.br.

Durante o período recente dos governos autoritários, os trabalhadores foram reprimidos em suas manifestações contra o arrocho salarial. A greve passou a ser tratada como ato subversivo, questão de segurança nacional, ameaça aos interesses nacionais e ao bem-estar geral da nação, devendo, assim, ser combatida a todo custo. Por outro lado, os preços dos alimentos elevaram-se sem que houvesse reajustes salariais correspondentes, aprofundando ainda mais o problema da desnutrição e da pauperização da população de baixa renda.

Terminado o período autoritário, o país defrontou-se com outro problema. Os pesados encargos da dívida externa passaram a comprometer os investimentos sociais (educação, saúde etc.) e, consequentemente, as condições de vida da população de estratos de renda baixa.

Já os anos 1980, conhecidos como "a década perdida", caracterizaram-se, ainda, por índices inflacionários elevados, beirando, em certos momentos, a hiperinflação, penalizando, principalmente, os assalariados e agravando o seu estado nutricional. Enquanto a inflação atingia com maior gravidade a população de baixa renda, as classes média e alta conseguiam proteger o valor de seu dinheiro por meio de aplicações no sistema financeiro. A crescente dívida interna levou os governos a emitir, cada vez mais, títulos da dívida pública para financiar o déficit orçamentário. Vendendo-os a taxas de juros compensatórias, o governo atraiu o sistema financeiro a comprá-los, instalando-se, principalmente na segunda metade da década de 1980, o que ficou conhecido como "ciranda financeira", gerando para aqueles portadores de dinheiro excedente e para as instituições bancárias grandes ganhos financeiros. Mas para a população pobre restaram grandes perdas. Os juros altos pagos por esses títulos levaram as empresas e pessoas a especular, ou seja, percorrer os bancos e verificar qual oferecia melhor taxas de juros para as suas aplicações financeiras. A rentabilidade dessas aplicações desestimulou, por sua vez, os investimentos na produção de bens e serviços. Tornou-se mais rentável "jogar" (aplicar) no "cassino" em que o Brasil foi transformado do que investir na produção. Consequentemente, o crescimento econômico, que já era modesto, tornou-se menor ainda, agravando a situação de desemprego e o quase sucateamento de várias atividades industriais, considerando que se deixou de investir em modernização ou em avanços tecnológicos.

Em termos percentuais, o PIB cresceu 16,9%, entre 1980 e 1991, o que representa uma média muito modesta de 1,5% por ano, que justifica o período ser chamado de "a década perdida". Nesse mesmo período, o crescimento populacional brasileiro apresentou uma média anual de 1,91%, superior, portanto, à do PIB. Houve, assim, a queda da renda *per capita*, juntamente com o aumento da pobreza e do conjunto de excluídos da sociedade brasileira. O modelo de modernização conservadora, associado ao capital financeiro, fez surgir uma nova exclusão social, no dizer dos autores dos *Atlas da exclusão social no Brasil*, já referido:

> (...) De um lado, a velha exclusão continua sendo a marca das regiões geográficas menos desenvolvidas, diante da permanência da baixa escolaridade, da pobreza absoluta no interior das famílias numerosas e da desigualdade nos redimentos. De outro lado, a nova exclusão vem contaminando rapidamente as regiões mais desenvolvidas.[60]

O progresso do período de 1960 a 1999 foi desfrutado por uns poucos, e os 50% mais pobres da sociedade brasileira viram, ainda, a sua participação na renda nacional declinar, de 18% no ano de 1960, para 12,6%, em 1999.

TABELA 17. PARTICIPAÇÃO DA POPULAÇÃO BRASILEIRA NA RENDA NACIONAL (1960 - 1999) (em %)

Ano	20% mais ricos	50% mais pobres
1960	54	18
1970	62	15
1980	63	14
1990	65,6	11,3
1999	63,8	12,6

Fonte: IPEA/PNUD. *Relatório sobre Desenvolvimento Humano no Brasil*, 1996. p.20 e Paes de Barros, Ricardo; Henriques, Ricardo e Mendonça, Rosane. *A Estabilidade inaceitável: desigualdade e pobreza no Brasil*, em Ricardo Henriques (orgs.). *Desigualdade e pobreza no Brasil.* Rio de Janeiro, IPEA, 2000. p.40.

---

60 Campos, André *et alii* (orgs.), op. cit., p. 34.

A década de 1990 foi marcada, no mundo e no Brasil, pelo avanço da globalização e da chamada política neoliberal. Atendendo a pressões externas, incluindo a do Fundo Monetário Internacional e do Banco Mundial, o Brasil levou avante o receituário desses organismos, calcado no tripé: privatização das empresas públicas, desregulamentação e abertura da economia para o exterior. A crença de que os imperativos de mercado são suficientes para promover o desenvolvimento econômico e social passaram a ser a máxima dos condutores da política econômica.

A globalização, juntamente com o neoliberalismo, favoreceram, sobremaneira, as corporações transnacionais e os grandes capitais financeiros internacionais. Estes, sem restrições, em vista da desregulamentação e da abertura da economia, puderam agir em escala global. O mundo tornou-se um grande "cassino" para os chamados capitais voláteis, denominados também capitais especulativos ou de curto prazo. Especulando sobre as moedas nacionais ou nas bolsas de valores, movimentam-se rapidamente em transações controladas por redes eletrônicas, auferindo grandes lucros e beneficiando-se amplamente da ausência de dispositivos legais, com que pudessem disciplina-los. Vários países foram penalizados, na década de 1990, por essa prática especulativa: México, Brasil, Indonésia, Malásia, Coreia do Sul, Rússia, Argentina etc. Quanto à Argentina, cumpre destacar que ela foi o "melhor aluno" do FMI nos anos de 1990; fez sempre as "lições de casa" e obteve as "melhores notas" nas suas avaliações. No entanto, a crise que se abateu sobre a sua sociedade, levando milhões de argentinos ao desespero e à pobreza, nos anos de 2001 e 2002, ferindo, até mesmo, a dignidade nacional, deveria, no mínimo, merecer ponderações e reflexões dos planejadores da economia, levando-os a perceber que os ajustes estruturais por eles defendidos e impostos aos países periféricos têm contribuído, consideravelmente, para a ampliação da pobreza.

Para as corporações transnacionais, tanto a globalização quanto o neoliberalismo caíram do céu. A desregulamentação e a abertura econômica, juntamente com a privatização das empresas públicas e a desnacionalização de empresas bancárias, industriais, agropecuárias, serviços públicos como telefonia, eletricidade etc., permitiram que se tornassem mais presentes e fortes em todo o mundo. Dois terços do comércio mundial são por elas controlados, sendo que quase 50% desse comércio é realizado entre segmentos diferentes da mesma empresa. Isso explica por que as empresas transnacionais são ferrenhas defensoras do livre-comércio, da quebra das barreiras alfandegárias e da livre circulação de capitais. Exaltam as virtudes do livre mercado, considerando-o remédio para todos os males do subdesenvolvimento. Entretanto, o mercado não é livre; ao contrário, é comandado e controlado por um conjunto de corporações transnacionais. Possuindo grande poder econômico, financeiro, científico, tecnológico e de distribuição global de seus produtos e serviços, impõem-se aos produtores nacionais, desestabilizando-os, quando não os levando à falência. Em vista da precariedade das economias periféricas e das taxas elevadas de desemprego, obtêm destas grandes concessões para aí se instalar, segundo certas comodidades: que o Estado banque as despesas de infraestrutura (estradas, portos, rede de comunicação) para escoamento de seus produtos, além de isenções de impostos. Trata-se de um esquema perverso, pois, além de aumentar as despesas do Estado com gastos de infraestrutura, as suas receitas diminuem com a concessão de isenções de impostos, comprometendo, por sua vez, os investimentos sociais que são bastante reduzidos nos países dependentes. Desse modo, o Estado, de protetor das economias nacionais e provedor do bem-estar social, curva-se às condições do neoliberalismo e da globalização, colocando-se à disposição de seus interesses e não aos de suas sociedades.

> Avolumam-se evidências de que, na economia global, cada vez mais é o mercado financeiro, ou seja, as grandes corporações e não os governos que, em última análise, decidem sobre os destinos do câmbio, da taxa de juros, dos preços dos *commodities*, da poupança e dos investimentos. Sem dúvida, a liberalização e a globalização dos mercados são altamente vanta-

> josos para o grande capital, cujos horizontes e estratégias transbordam as fronteiras estreitas do Estado nacional. [...] Dificilmente encontrar-se-á uma referência às prioridades sociais na retórica dos arautos da globalização.(...)[61]

Completaríamos a citação dizendo que não há também para o neoliberalismo prioridades sociais. Os interesses deste, como das corporações transnacionais, não se conciliam com os da luta contra a pobreza e a fome. Os recursos do Estado, que antes se destinavam à saúde, educação, enfim ao desenvolvimento social, são dirigidos para o pagamento do serviço da dívida externa. Prioriza-se o pagamento da dívida e aprofunda-se o desemprego, o subemprego, o trabalho informal, a pobreza e a violência. Qual é a solução para essa situação? Perseguir, obstinadamente, o acelerado crescimento econômico com inclusão social. Mas, para tanto, precisa haver poupança interna para financiar investimentos ou um crescimento sustentado. Como conseguir essa condição, se os pesados encargos da dívida drenam os nossos recursos ou a nossa poupança para o exterior?

Considerando que a sociedade brasileira — como a de outros endividados — não dispõe mais de disposição para suportar o trágico quadro social, há a necessidade de se estabelecer entendimentos com o sistema financeiro internacional para se chegar a uma profunda renegociação da dívida. Não é fácil, mas é possível, apesar dos impasses, conflitos e resistências que certamente surgirão.

61 Rattner, Henrique. "Globalização: em direção a um mundo só?" *Estudos Avançados*. n. 25, set./dez. 1995. São Paulo, Instituto de Estudos Avançados da Universidade de São Paulo. p. 66.

8. A revolução verde, os transgênicos e o agropoder

A "REVOLUÇÃO VERDE" FOI IDEALIZADA PARA SALVAR A AGRICULTURA DO MUNDO SUBDESENVOLVIDO DE UMA SUPOSTA INCAPACIDADE DE VENCER OS OBSTÁCULOS TECNOLÓGICOS , POIS NÃO ESTAVA NOS PLANOS DE SEUS IDEALIZADORES AJUDAR OS PAÍSES ATRASADOS A REMOVER O MAIOR DE TODOS OS SEUS OBSTÁCULOS: AS ESTRUTURAS TRADICIONAIS.[62]

A revolução verde e os transgênicos

A partir de 1950, como já dissemos no capítulo 6, os países capitalistas desenvolvidos intensificaram o processo de industrialização da agricultura no mundo subdesenvolvido, como parte da estratégia de revigoramento do sistema capitalista em âmbito mundial. A partir de um pacote tecnológico que estimulou o uso de máquinas e tratores, fertilizantes, sementes melhoradas e defensivos agrícolas, foram divulgadas por instituições norte-americanas (Fundação Rockefeller, Fundação Ford, Banco Mundial e outras, identificadas com os interesses de empresas transnacionais) várias medidas técnicas destinadas a aumentar a produção e a produtividade da agricultura nos países subdesenvolvidos. Foi o que ficou sendo conhecido como a "revolução verde".

[62]Guimarães, Alberto Passos. *A crise agrária.* Rio de Janeiro, Paz e Terra, 1979, p.223.

Essas instituições pregavam que a introdução de técnicas de produção e de trabalho utilizadas nos países ricos poderia resolver, em curto espaço de tempo, o problema da fome nos países pobres. A verdade, no entanto, é que esse conjunto de medidas foi concebido sob inspiração das grandes empresas transnacionais norte-americanas, interessadas na modernização da agricultura dos países subdesenvolvidos, uma vez que isso implicaria o consumo e a utilização de técnicas e produtos por elas desenvolvidos.

A mais importante dessas inovações eram as sementes híbridas de cereais, obtidas em laboratórios de pesquisa e conhecidas como VAR (Variedades de Alto Rendimento). De início, foram obtidas variedades dessas sementes em centros de pesquisas agrícolas no México (sementes de trigo) e nas Filipinas (sementes de arroz), instalados por fundações norte-americanas. Em poucos anos, os resultados mostraram-se excelentes. Os relatórios demonstravam que a produção de trigo e de arroz por hectare tinha aumentado duas, três e até mais vezes em relação às culturas realizadas com as sementes comuns.

Após esses resultados, a euforia da revolução verde espalhou-se pelo mundo. O Conselho de Desenvolvimento da Agricultura (ADC, Agricultural Development Council), criado nos EUA pelas fundações Ford e Rockefeller, inspirou a abertura de centros de pesquisas agrícolas em outros países. Em 1966, foi instalado no México o Centro Internacional de Melhoramento do Milho e do Trigo; em 1968, o Instituto Internacional de Agricultura Tropical, na Nigéria, e no ano seguinte, 1969, na Colômbia; em 1972, foi fundado, no Peru, o Centro Internacional de Pesquisa de Batatas e muitos outros em outros países.

As culturas com variedades de sementes de alto rendimento exigem, entretanto, a utilização de um grande aparato tecnológico representado por fertilizantes, máquinas, tratores, defensivos químicos etc., senão as sementes perdem seu valor quanto à elevação da produção e produtividade agrícola. De que maneira, então, os países subdesenvolvidos adquiriram toda a tecnologia necessária? Inicialmente, através da importação, e depois pela instalação em seu território de indústrias subsidiárias de transnacionais do ramo agropecuário (no Brasil, mais de uma dezena de empresas ligadas ao complexo agroindustrial são transnacionais).

Os países ricos, principalmente os EUA, colocaram à disposição dos países subdesenvolvidos suas conquistas científicas no campo da agricultura e da pecuária. Fertilizantes, máquinas, tratores, defensivos químicos, rações, sementes etc. passaram, então, a engrossar a lista dos produtos importados pelos países subdesenvolvidos, na busca da redenção de sua agricultura, de produção e de produtividade baixas. Tanto que as vendas desses produtos expandiram-se consideravelmente após a década de 1960, aumentando o faturamento e os lucros das transnacionais.

A tecnologia agropecuária utilizada nos países ricos foi, assim, transferida para os países subdesenvolvidos, no entanto, sem ponderação quanto às condições socioeconômicas dos agricultores. O poder de persuasão da publicidade, com promessas de aumentos milagrosos de produção e de produtividade, induzia os agricultores do mundo subdesenvolvido a utilizar essa tecnologia, muitas vezes desnecessariamente, aumentando o seu endividamento e os custos da produção. Não se trata, aqui, de desmerecer os avanços da agricultura quanto à sua produtividade, propiciada pela revolução verde, mas sim questionar que os seus benefícios não foram equitativamente distribuídos entre os agricultores, e que muito menos serviu para erradicar a fome e a miséria. Ao contrário, aumentou o fosso entre os agricultores ricos e os pobres.

Os ricos, que possuíam condições financeiras e acesso ao crédito rural, adquiriram todo o pacote de inovações tecnológicas. Os agricultores pobres, impedidos de adquirir as novas tecnologias por causa de seus limitados recursos financeiros, continuaram à margem do processo de modernização tecnológica e sem poder de competitividade em relação aos grandes agricultores ou fazendeiros. A lei de mercado somente é benéfica numa economia verdadeiramente concorrencial, ou seja, em que todos os agentes econômicos tenham o mesmo nível de força e acesso às inovações, crédito etc. O que existe é justamente o contrário. Agentes ou atores econômicos muito desiguais produzem, por sua vez, relações marcadamente desiguais. Ao aumentar a disparidade entre o grande e rico proprietário e o pequeno ou pobre, a revolução verde contribuiu também para estimular a concentração da terra e da renda, aumentando, por conseguinte, o poder dos grandes e ricos. Pequenas e médias propriedades foram, em larga escala, absorvidas pelas maiores (essas mudanças são fruto da constituição do um novo ciclo na forma de reconcentração de capital, na era global).

Deve-se entender, ainda, que a revolução verde faz parte da própria expansão do capitalismo na economia do mundo subdesenvolvido. No Brasil, como vimos no capítulo 6, a expansão capitalista provocou, por exemplo, um intenso êxodo rural, seguido de grande urbanização e, em vez de melhorar as condições de vida da grande massa trabalhadora, agravou ainda mais sua situação de penúria e de fome.

Após quatro décadas do início da revolução verde e da expansão do capitalismo no campo, a fome ainda não foi banida do mundo subdesenvolvido. Ao contrário, agravou-se. Mesmo nas regiões mais ricas dos países pobres, a fome aumentou.

Organismos Geneticamente Modificados (OGMs) ou transgênicos

Após a revolução verde ter fracassado em suas promessas de erradicar a fome no mundo — a fome, como já ressaltamos diversas vezes, não decorre do déficit de produção mundial de alimentos e sim da permanência de estruturas socioeconômicas injustas e defeituosas, que impedem que milhões de pessoas tenham acesso aos alimentos — nos últimos anos, os avanços da engenharia genética ou da biotecnologia colocaram à disposição dos agricultores os chamados OGMs (Organismos Geneticamente Modificados), mais conhecidos como transgênicos.

A exemplo da revolução verde, as empresas detentoras das tecnologias dos OGMs, que são dominadas por cinco grandes companhias (Monsanto, Du Pont, Novartis, Aventis e Astra Zeneca), também prometem erradicar a fome no mundo. Insistem, portanto, no mesmo erro anterior, ao desconsiderarem que a fome não decorre da escassez de alimentos ou ao ignorarem que a sua existência é fruto de estruturas políticas e econômicas injustas, sobretudo, aquelas relacionadas à propriedade da terra, ao comércio internacional desigual, à concentração da renda e do poder etc. Quando não se referem ao combate à fome, exaltam as vantagens do uso dos cultivares geneticamente modificados: maior produtividade, resistência a pragas, variedades com genes resistentes à seca e salinidade do solo, menor exigência de agroquímicos, variedades com elevado teor de vitamina A, com o objetivo de superar doenças causadas pela deficiência dessa substância etc.

Sem entrar no mérito das vantagens e desvantagens dos OGMs quanto aos aspectos levantados anteriormente, e quanto aos seus impactos ou não no meio ambiente e na saúde humana, o que chama a atenção e é digno de preocupação é o fato de algumas poucas empresas de biotecnologia possuírem o domínio de sua produção e, consequentemente, o de sua comercialização em escala planetária.

Nos Estados Unidos, cerca de 88% do mercado de sementes dos OGMs é controlado pela Monsanto. Entretanto, para que essa empresa assegure o retorno de seus investimentos em pesquisa científica e amplie os seus lucros — como também das demais empresas do setor — há a necessidade de que outros países incluam na sua prática agrícola os OGMs, ou seja, que sejam utilizados pela agricultura em todo o mundo. Mas tem havido uma acentuada resistência à sua adoção. Por exemplo, alguns países da União Europeia, já escaldados com o "mal da vaca louca", rejeitam os OGMs, como também muitos outros países do mundo, incluindo o Brasil[63].

A polêmica em torno de sua utilização ou não envolve órgãos governamentais, pesquisadores de universidades, entidades ambientalistas e de defesa do consumidor, parlamentares, agricultores e a opinião pública e, como não poderia deixar de ser, a própria Monsanto, aqui bastante presente. Entre esses, destacam-se os mais prudentes, que defendem a necessidade de

[63] Em janeiro de 2004, encontrava-se em debate na Câmara dos Deputados o Projeto n ° 2401/03, do Executivo, que reformula a legislação de biossegurança.

haver mais estudos quanto aos impactos sobre a saúde humana, sobre o meio ambiente e principalmente quanto às consequências sobre as sementes tradicionais, que constituem, inegavelmente, um grande patrimônio genético, cultural e econômico, obtido ao longo de muitos anos pelos agricultores de todo o mundo. A disseminação do plantio das sementes geneticamente modificadas poderá colocar em risco as sementes tradicionais, ou seja, pode levar à destruição da sua diversidade (erosão genética), do conhecimento agrícola acumulado milenarmente pelas populações, incluindo de sistemas agrícolas sustentáveis, além de criar uma situação de extrema dependência dos agricultores em relação às indústrias de biotecnologia produtoras dos OGMs. Em vez de utilizar as sementes tradicionais, que são geradas de uma safra para o próximo período do plantio, o agricultor terá que comprar sementes todos os anos das indústrias de biotecnologia. Além da dependência a que nos referimos, os agricultores, provavelmente, terão uma elevação de seus custos de produção e com resultados ainda incertos.

Em 1998, a empresa norte-americana Delta & Pine Land, adquirida no mesmo ano pela Monsanto, anunciou a obtenção de sementes que somente germinam por uma geração ou seja, a partir da segunda geração elas são estéreis. São obtidas por meio de uma tecnologia chamada Sistema de Proteção de Tecnologia, mas que ficou conhecida com o nome de "Tecnologia Terminador". Outras empresas, como a britânica Astra Zeneca e a suíça Novartis, também desenvolveram sementes com "tecnologia de restrição genética de uso" (TRGU). A semente da Astra Zeneca só germina se for ativada por produtos químicos da própria empresa.

A semente de soja da Monsanto, a Roundup Ready, muito utilizada na Argentina e contrabandeada para o Rio Grande do Sul, onde muitos agricultores passaram a plantá-la apesar da proibição da legislação brasileira, é resistente ao herbicida Roundup, fabricado pela própria Monsanto. Ao mesmo tempo que essa transnacional vende as sementes para o agricultor, vende também o herbicida. É um bom negócio para a Monsanto, pois amplia consideravelmente o seu faturamento.

Causa preocupação o patenteamento dos OGMs pelas empresas de biotecnologia, à medida que isso garante a elas o monopólio das sementes, amparado no polêmico "direito de propriedade intelectual". Polêmico porque existe o argumento de que formas de vida não podem ser patenteadas. Devem ser compartilhadas por todos, considerando-se, ainda mais, que possuem um valor social, como é o caso da agricultura. Entretanto, o acordo sobre Direitos de Propriedade Intelectual Relativos ao Comércio (Trips: Trade Related Aspects of Intellectual Property Rights), firmado na Rodada do Uruguai (reuniões dos países-membros do GATT — General Agreement on Tariffs and Trade, em português, Acordo Geral sobre Tarifas e Comércio —, realizadas no Uruguai entre 1986-1994; após essas reuniões, o GATT transformou-se na OMC —Organização Mundial do Comércio) e, em vigor desde janeiro de 1995, dá às empresas o direito de proteger sua propriedade intelectual, no conjunto de todos os seus países-membros (ver capítulo 10, subtítulo Liberalização do comércio e fome). Para o "fechamento da questão" em torno dos Trips, na Rodada do Uruguai, gigantes empresariais se mobilizaram em grupo para exercer pressão a fim de obter a sua aprovação (Squibb, Du Pont, General Motors, Monsanto, Pfizer etc.).

Os Trips chocam-se com a CDB (Convenção sobre Diversidade Biológica) da ONU, firmada em 1993. Enquanto os Trips privatizam recursos biológicos, a CDB reconhece que os benefícios resultantes do uso de recursos genéticos (vegetais e animais) devem ser compartilhados com as comunidades locais, que, aliás, são as que deram a "pista" de suas potencialidades, por meio de seu conhecimento secular ou milenar. É por isso que o escritor e jornalista John Madeley assinala:

> (...) O acordo de Trips é muito polêmico porque admite o patenteamento de plantas que tenham sido desenvolvidas mediante biotecnologia a partir de variedades vegetais que, por sua vez, resultam de anos de cruzamentos realizados por agricultores. Isto implica que os Trips não reconhecem o direito das comunidades sobre seus recursos. (...)[64]

[64] Madeley, John. *O comércio da fome*. Petrópolis, Vozes, 2003. p. 139.

Retomando a questão inicial: afinal os OGMs são ou não a grande alternativa e esperança para superar a fome e garantir a segurança alimentar dos povos? Acreditamos que não.

Como já apontamos várias vezes, a fome ou desnutrição decorre não da falta de alimentos, mas sim da baixa renda ou acentuada desigualdade da distribuição da riqueza entre as classes sociais. Abundância para alguns, privações para outros. Os alimentos, no mundo atual, destinam-se não a quem deles precisa, mas a quem tem renda para comprá-los. Na América Latina, na África e na Ásia, convivem, lado a lado, a fartura de alimentos nos mercados locais e a fome (as "feiras da fome", por exemplo, na região andina, a que se refere o geógrafo chileno Pedro Cunill, citado no capítulo 5).

Mesmo que haja crescimento da disponibilidade de alimentos decorrente da ampliação do plantio dos transgênicos ou dos OGMs — fato contestado por alguns especialistas — nada mudará enquanto não houver transformações nas estruturas fundiárias injustas e antidemocráticas e na distribuição da renda. A fome continuará penalizando milhões de pessoas em todo mundo, mantendo-se ainda como uma vergonha ou um escândalo para toda a humanidade. Tivemos grandes avanços científicos e tecnológicos em todas as áreas do conhecimento humano, incluindo a agropecuária. Isso é um fato inquestionável. Entretanto, esses avanços não foram acompanhados, na mesma velocidade, por transformações sociais que tivessem por objetivo a superação de obstáculos que impedem a implantação de ampla justiça social. Portanto, o combate à fome não depende da substituição das sementes tradicionais pelas transgênicas. O problema não se encontra aí, ou seja, não é uma questão biotecnológica. É uma questão fundamentalmente político-social e econômica (renda, acesso à terra, emprego, saúde, educação etc.). Enquanto dominar a crença de que os imperativos de mercado são, por si só, capazes de promover o desenvolvimento econômico e social e insistir-se em que eles devam se sobrepor às políticas sociais e econômicas dis-tributivas, continuaremos, com ou sem os transgênicos, convivendo com a fome e a miséria.

Sem negligenciar os espetaculares avanços científicos, mesmo os relativos à agropecuária, o que, na verdade, impulsiona as indústrias de biotecnologia não é o desejo de acabar com a fome nos países periféricos, mas, sobretudo, os lucros que esses mercados representam.

DIDI SAMPAIO/AE

Membros do Idec (Instituto Brasileiro de Defesa do Consumidor) e do Greenpeace fazem manifestação contra os alimentos transgênicos, em 2000.

"Diplomacia de alimentos" ou agropoder

De início, um esclarecimento. A expressão *agropoder* pode ser utilizada em dois sentidos. O primeiro significa o poder exercido por corporações do setor de alimentos sobre o plantio, insumos, safras, comercialização, determinação de preços e até mesmo quanto à mudança de hábitos alimentares de populações (veremos algumas dessas características no capítulo 9). Um outro sentido da expressão refere-se ao uso político que certos países, detentores de posições dominantes na produção agrícola e no comércio internacional de gêneros alimentícios, exercem nas relações mundiais. Em outras palavras, o uso de alimentos como recurso político nas relações internacionais ou na diplomacia (diplomacia de alimentos).

Em 1974, o então secretário da agricultura dos Estados Unidos (governo do presidente Gerald Ford) declarava publicamente: *Food is power* (Alimento é poder). No mesmo período, um relatório da Agência Central de Inteligência (CIA, Central Intelligence Agency), serviço secreto dos Estados Unidos, mostrava ao governo que o país dispunha de uma arma de longo alcance e de grande poder de convencimento que poderia ser utilizada nas negociações e na diplomacia internacional: a produção excedente de alimentos. Enquanto nos Estados Unidos, após abastecer o mercado interno, sobravam alimentos, em outros lugares do mundo milhares de pessoas deles careciam. O próprio presidente Gerald Ford, em 1973, em plena crise do petróleo desencadeada pelos países-membros da Opep (Organização dos Países Exportadores de Petróleo), traçou um paralelo entre essa crise e a supremacia dos Estados Unidos quanto à produção de cereais, dizendo que "no comércio de alimentos, eles poderiam ser os árabes". Alusão clara à utilização dos alimentos como instrumento de coerção nas negociações internacionais, em vista da superioridade incontestável de sua produção agrícola no conjunto das nações.

A utilização desse agropoder ou da "diplomacia de alimentos" já vinha sendo aplicada nas negociações internacionais desde o final da Segunda Guerra Mundial, quando os Estados Unidos emergiram como superpotência e ampliaram suas áreas de influência no mundo. Como a produção da agricultura da antiga União Soviética sempre teve altos e baixos, apresentando, portanto, vulnerabilidade, principalmente em relação aos cereais, os Estados Unidos, durante a Guerra Fria, utilizaram nas suas relações com esse ex-país a diplomacia de alimentos. Um exemplo se deu durante a invasão do Afeganistão por tropas soviéticas, em 1979. Vendo que a área de influência da União Soviética se ampliava, o que feria os interesses estadunidenses, não só no Afeganistão, como também na região, pois esse país poderia servir de cabeça de ponte para a expansão soviética em toda a região, os Estados Unidos tomaram a decisão unilateral de decretar o embargo de grãos e cereais para a União Soviética, após o fracasso das negociações para a desocupação do Afeganistão. Para compor o embargo e deixar a União Soviética em dificuldade alimentar, os Estados Unidos pressionaram outros países a fazerem o mesmo: Canadá, Argentina, Brasil, Austrália, o que, no entanto, não foi seguido.

Em relação aos países subdesenvolvidos ou da periferia, o agropoder ou diplomacia de alimentos tem atendido aos interesses dos Estados Unidos. Este país utiliza o seu excedente de produção agrícola — aliás, invejável — como instrumento de persuasão para atingir os seus objetivos ou proteger os seus interesses. Para os denominados "programas de ajuda alimentar ao exterior", elaborado pelos Estados Unidos, há uma série de condicionalidades embutidas: abertura de mercados, garantia e prioridades de investimentos, alinhamento na política externa etc. A "ajuda" dada à Índia pelos Estados Unidos, na década de 1960, foi condicionada a pelo menos dois compromissos do governo indiano: a implantação de uma política de controle da natalidade — como vimos no capítulo 2 — e a compra de insumos para a agricultura.

Os países da periferia ou subdesenvolvidos, justamente onde a "fome é mais abundante", são os mais vulneráveis ao agropoder. A sua pesada herança colonial e a divisão internacional da produção ainda continuam norteando o processo de utilização de seus espaços agrícolas. Ao privilegiar a utilização de seus solos com produtos destinados ao mercado externo, canalizando na produção para exportação as suas maiores atenções, apoio e crédito agrícola, estão na verdade tornando-se alvos fáceis para o agropoder. Essa condição os coloca numa posição extremamente vulnerável e dependente dos centros de produção de alimentos.

9. Relação entre transnacionais de alimentos e fome

(...) Globalização é na realidade um eufemismo empregado no lugar de transnacionalização, ou seja, a expansão sem limites das corporações transnacionais na economia mundial, em particular nas populosas e pródigas nações do Sul. (...)[65]

O poder das transnacionais de alimentos

Em pleno auge da Segunda Revolução Industrial, por volta de 1870-1890, já tinha surgido a tendência à concentração e centralização de capitais, à fusão entre empresas que, por sua vez, deram origem à indústria moderna e ao capitalismo monopolista, em substituição ao breve ensaio e período do capitalismo concorrencial.

Entretanto, foi a partir do término da Segunda Guerra Mundial que grandes empresas perceberam que os seus mercados nacionais não eram mais suficientes para atender aos seus planos de expansão e de aumento de lucros. Por meio, então, de uma nova divisão internacional

65 Enciclopédia do Mundo Contemporâneo. São Paulo, Publifolha; Rio de Janeiro, Terceiro Milênio, 1999, p. 63.

da produção, grandes empresas dirigiram os seus investimentos para vários países subdesenvolvidos, ali implantando filiais e/ou subsidiárias.

Em 1974, os economistas Richard J. Barnet e Roland Muller publicaram um livro com o título *O poder global* [66]. Lá analisaram o poder das corporações transnacionais e seu impacto sobre as economias nacionais, os hábitos e costumes, o trabalho, a estrutura fundiária, a administração empresarial, a base ideológica em que se fundamentam os altos executivos na sua missão de dirigir as corporações transnacionais (chamadas por eles, em 1974, de empresas globais) etc.

Na página 182, observam:

> (...) As empresas globais, é preciso dizer, agravaram de três maneiras o problema da fome mundial. Em primeiro lugar, contribuíram para a concentração da renda e a eliminação de empregos. Em segundo, através do controle crescente da terra arável nos países pobres (...). Por último, o controle de ideologia pelas companhias através da publicidade contribuiu para mudar de forma infeliz os hábitos dietéticos dos pobres. (...)

Embora essa alusão às empresas globais date de 1974, elas fazem parte da própria evolução do capitalismo. Sem considerar as "companhias comerciais" do tempo do capitalismo comercial (por exemplo, Companhia das Índias Ocidentais), foi com o capitalismo industrial e financeiro, do final do século XIX e início do XX, que se deu o processo inicial de formação de grandes empresas capitalistas na Europa, nos Estados Unidos e no Japão.

Nas décadas que se sucederam ao fim da Segunda Guerra Mundial ocorreu um intenso processo de transnacionalização das economias subdesenvolvidas. Espanta a qualquer observador a velocidade da transnacionalização do capital, nos últimos 50 anos. Em relação ao Produto Interno Bruto Mundial, era de 17% em meados dos anos de 1960; 24% em 1982; e mais de 32% no final da década de 1990, fato que confere às transnacionais um grande poder econômico, financeiro e político.

[66] Barnet, Richard J. e Muller, Ronald. *O poder global*. Rio de Janeiro, Record, 1974.

Chamadas de empresas estrangeiras até o final da década de 1960, de multinacionais na década de 1970, mas, em vista de essa denominação passar a ideia incorreta de que a empresa era constituída por capitais de vários países ou era multinacional, a própria ONU sugeriu, na década de 1980, a expressão *transnacional*, ou seja, empresa cuja atuação ultrapassa as fronteiras de seu país de origem (para os autores citados, empresa global).

As transnacionais não só dominam a produção de um grande número de bens e serviços como também o comércio internacional. São responsáveis pelo forte *lobby*, junto a organismos internacionais que desde a década de 1980 vêm derrubando as barreiras comerciais nacionais, com o objetivo de ampliar cada vez mais os seus negócios em escala global. Cerca de um terço do comércio mundial é por elas realizado dentro de suas próprias organizações, ou seja, entre as suas filiais espalhadas no mundo ou entre estas e sua matriz.

Não se limitam mais à produção, distribuição e comercialização de bens e serviços. São grandes investidoras nas bolsas de valores de todo o mundo e na especulação das moedas nacionais.

> (...) A maior instituição financeira privada dos Estados Unidos é atualmente a General Electric. O setor de maior lucro dentro da General Electric não é o setor de defesa, nem o de lâmpadas, nem o de centrais elétricas. É o de departamento financeiro, graças às suas múltiplas transações financeiras. (...)[67]

No setor de alimentos, a presença das transnacionais é gigantesca, não só quanto à industrialização, mas também na comercialização e distribuição global. Seis conglomerados transnacionais dominam 85% do comércio mundial de grãos; oito dominam 55% das vendas de café; sete possuem o controle de 90% do chá consumido nos países ocidentais; três respondem por 80% das vendas de bananas e apenas três são responsáveis por 83% do comércio de cacau.[68]

---

67 *Enciclopédia do mundo contemporâneo*, cit., p. 69.
68 Madeley, John, op. cit., p. 131.

No ramo da produção de sementes e do setor de agroquímicos, as estimativas mostram que as dez maiores empresas desses setores polarizam nada menos que 85% do mercado mundial. Chama também a atenção que não só as empresas que controlam o início do processo produtivo dos alimentos mas também a produção propriamente dita destes conheceram, nos últimos anos, uma concentração enorme. Resultado de fusões, essa concentração atingiu até mesmo aquelas que não tinham como atividade principal a produção de alimentos. Com a globalização crescente, incluindo hábitos, costumes e valores sociais, aproveitando (ou otimizando, no dizer dos administradores de empresas) as suas bases operacionais já existentes nos países da periferia, e vendo que o se-

TRANSNACIONAIS DE ALIMENTOS E ORIGEM DAS SUAS ATIVIDADES

Empresa	País-sede	Atividades originárias	Outras atividades	Segmentos alimentícios em que atua
Philip Morris	Estados Unidos	Tabaco	–	Cerveja, multiprodutos
Cargill	Estados Unidos	Comércio de grãos	Siderúrgica, papel, resina, insumos agrícolas	Cereais, alimentos diversos
Unilever	Reino Unido e Holanda	Fusão entre Lever e Brothers (higiene pessoal) e Margarine Unic (margarinas)	Detergente, higiene pessoal, química	Multiprodutos
Procter & Gamble	Estados Unidos	Fusão entre James Gamble (sabão, óleo) e William Procter (velas)	Limpeza, higiene pessoal, papel, cosméticos	Café, óleos, *snacks*, sucos
Pepsico	Estados Unidos	*Soft drink*	Restaurantes	*Softs drinks* e *snacks*
RJR Nabisco	Estados Unidos	Tabaco	–	Biscoitos, alimentos diversos
Seagran	Canadá	Destilaria	Química (possui 24% da Dupont) e Comunicações (15% da Time Warner)	Bebidas, sucos
Danone	França	Fusão de Glacês de Bussois (espelhos) e Verreries de Souchon Neuvessel (vidros)	Recipientes de vidro	Cerveja, multiprodutos
Nestlé	Suíça	Produtos lácteos	Produtos farmacêuticos	Multiprodutos
Guiness	Reino Unido	Cervejaria	Hotelaria, artigos de luxo, imprensa	Bebidas, cervejas

Fonte: Organizado com base em dados de Martinelli Jr., Orlando. *A globalização e a indústria alimentar*. Marília, Unesp, 1999. p. 88-89.

Obs: No Brasil, a Nestlé, ao adquirir a Purina, passou a atuar no ramo de ração animal.

tor alimentício constitui um negócio rentável ou lucrativo, empresas de outros setores agregaram às suas atividades o setor de alimentos. O quadro da página anterior dá uma ideia dessa agregação.

Das cem maiores empresas alimentícias do mundo, em 2000, apenas quatro possuíam sede fora dos países centrais: duas na África do Sul, uma na Argentina (Bunge) e uma no Brasil (a Sadia, de Santa Catarina, que na lista surge em 98º lugar). O faturamento anual das dez maiores empresas alimentícias do mundo, em 2000, ultrapassou a cifra de 330 bilhões de dólares, valor superior ao PIB de muitos países desenvolvidos (Bélgica, 227 bilhões de dólares; Dinamarca, 163 bilhões; Áustria, 189 bilhões; Noruega, 162 bilhões etc.), como também de muitos países importantes da periferia (Argentina, 285 bilhões de dólares; África do Sul, 126 bilhões; Turquia, 200 bilhões; Chile, 70,5 bilhões etc.).

Essa concentração de poder financeiro e comercial das grandes corporações transnacionais de alimentos lhes confere um agropoder desmedido. São elas que acabam por dirigir as necessidades da produção mundial de alimentos. Utilizando-se da dependência histórica que os países da periferia apresentam, de exportar produtos agrícolas primários com o fim de pagar as suas dívidas ou obter receitas para as importações, as transnacionais estimulam os agricultores a plantar culturas de exportação em detrimento das culturas que se destinam a abastecer de alimentos as populações locais. Assim procedendo, estão contribuindo para a ocorrência da fome ou para a insegurança alimentar.

Muitas transnacionais, como é o caso da Cargill, empresa sediada nos Estados Unidos que emprega 97 mil funcionários em 59 países, possuem o controle estrutural do sistema alimentar. Estão presentes em todos os estágios da cadeia de alimentação.

No caso da Cargill, a sua atuação não se prende apenas ao fornecimento de sementes oleaginosas, na qual é a maior do mundo. Destaca-se, ainda, na produção de fertilizantes à base de fosfato, no comércio de cereais, açúcar, malte, café, cacau e frango e no processamento e distribuição de produtos agrícolas e alimentícios. Com tamanho poder e diversidade de atuação, interfere no padrão de utilização da terra, subvertendo prioridades locais e regionais que antes estavam dirigidas para o abastecimento alimentar. Estimula, assim, a industrialização da agricultura, visando, principalmente, a produção de alimentos para suprir as populações de maior renda e não aquelas que mais precisam.

Não é somente a estratégia para controlar a produção, a comercialização e a venda de técnicas agrícolas e de insumos (sementes, defensivos agrícolas, fertilizantes etc.) que levam as transnacionais a se instalar em países subdesenvolvidos ou da periferia. A esses fatores devem ser acrescentados a isenção de certos impostos por prazos negociados, a construção de infraestrutura territorial por parte do Estado e três outros fatores abundantes e baratos a elas disponibilizados: a mão de obra (o salário de um trabalhador rural mexicano, por exemplo, corresponde a um sétimo ou mais do salário de um trabalhador rural da Califórnia), o preço das terras e das matérias-primas.

Sem poder para competir, muitas empresas nacionais de alimentos sucumbem diante das transnacionais, ou fecham as suas portas, ou são por elas adquiridas. O Brasil, por exemplo, tem apresentado, nos últimos anos, um alto grau de desnacionalização do setor alimentar humano (leite, conservas, biscoitos, achocolatados etc.), como também do de alimentação animal. Em fevereiro de 2000, por exemplo, a Bestfoods, transnacional de alimentos com sede nos Estados Unidos, com operações em mais de 60 países e produtos comercializados em 110 países (os produtos mais conhecidos da Bestfoods, nos Estados Unidos, são as maioneses e molhos Hellmann's, as sopas e caldos Knorr), adquiriram uma tradicional indústria brasileira de alimentos, a Arisco. A Bestfoods agigantou-se ainda mais em junho de 2000, ao se unir à Unilever, empresa que opera com alimentos, produtos de limpeza doméstica e produtos de cuidados pessoais (Doriana, Lipton, Dove, OMO, Rexona etc.), em escala planetária. No Brasil, a Refinação de Milho Brasil, subsidiária da CPC-Corn Produts Company, dos Estados Unidos, cujo produto tradicional é o amido de milho Maizena, afiliou-se à Bestfoods. A Nestlé, no Brasil, além de dominar o mercado de leite em pó, leite condensado, creme de leite e chocolates, entrou nos negócios de biscoitos e de ração animal. Adquiriu empresas nacionais do setor de ração animal, além da Ralston Purina, gigante no setor. Um outro exemplo do agigantamento das transnacionais é o caso da Philip Morris. Empresa tradicionalmente pertencente ao setor de tabaco (cigarros), a partir de 1985, iniciou a sua escalada em direção a outros segmentos de negócios. Nesse mesmo ano, adquiriu uma grande empresa de alimentos nos Estados Unidos, a General Foods. Em 1990, adquiriu a Jacobs Suchard AG, uma das maiores fabricantes de café e produtos de confeitaria. Em 2000, incorporou a Nabisco, empresa líder em biscoitos, doces e petiscos, transformando a Kraft Foods em uma das principais empresas de produtos alimentícios do mundo. Somando-se todos os seus funcionários espalhados pelo mundo, chega-se à impressionante cifra de 169 mil funcionários, número esse superior ao da transnacional Mitsubishi (141 mil funcionários), considerada a quarta empresa do mundo em faturamento anual, seguida da Ford Motors e da Mitsui.

A prática de fusões e compras de empresas no mundo globalizado ampliaram consideravelmente o poder das transnacionais, permitindo que a concentração desmedida do capital exerça o controle da produção, desde a semente até a industrialização do produto *in natura*, a sua distribuição e comercialização e, até mesmo, a política de preços adotada, nem sempre favoráveis para o consumidor. São elas que acabam por dirigir os resultados e as necessidades da produção mundial de alimentos.

No campo sociocultural, o poder das transnacionais chega a tal ponto que algumas de suas decisões produzem mais impacto sobre as sociedades e pessoas que certas decisões governamentais. Exercem poderosa influência sobre todas as esferas da vida em sociedade, inclusive sobre o modo de pensar e interpretar a vida e até mesmo em relação ao seu próprio sentido. É comum ouvir dos seus executivos que as empresas globais são agentes de mudança social, econômica, cultural e até mesmo agentes de mudança política (são inúmeros os exemplos históricos de participação de corporações transnacionais em golpes de Estado ou em desestabilização de governos: no Chile, por exemplo, houve participação da ITT, transnacional do setor de comunicações, na derrubada do presidente Salvador Allende, eleito pelo povo em 1973; no Irã, em 1953, o primeiro-ministro Mossadegh foi deposto porque sua política feria os interesses de poderosas empresas petrolíferas, além de outros exemplos que poderiam ser citados).

Ao espalharem por todo o mundo a ideologia do consumo, identificando-o como situação social de prestígio, poder e riqueza, transformaram a Terra num verdadeiro supermercado global — evidentemente não para todos.

A alteração dos hábitos alimentares originais e a força persuasiva da publicidade

Há uma alteração contínua nos padrões culturais de alimentação. De modo geral, valores nacionais têm sido substituídos, paulatinamente, por valores externos, estranhos às comunidades e sociedades. Têm-se hoje, à disposição no mercado de alimentos, produtos que dificilmente eram obtidos antes dessa mundialização ou globalização da produção e de liberalização do comércio. Atualmente, há uma padronização de produtos em escala planetária, determinada pelas transnacionais.

Nos territórios dos países periféricos, foram criados historicamente, antes da invasão das transnacionais, padrões de alimentação que levam em conta aquilo que se podia encontrar ou produzir de forma recorrente na região. No Brasil, por exemplo, cada região absorveu costumes segundo as possibilidades dadas pelos recursos locais. Na região da Amazônia brasileira, a evolução dos padrões alimentares incorporou o hábito do consumo tanto da farinha de mandioca quanto do peixe, alimentos tradicionais dos indígenas. No Nordeste, a rapadura (doce feito com melaço da cana-de-açúcar) é também um hábito alimentar adquirido, pois desde os tempos do Brasil Colônia, pelo menos, a lavoura canavieira é praticada nessa região.

Nessas áreas, apesar da ocorrência de populações com carência alimentar — dada a pobreza em que vive parte de suas populações — existia um equilíbrio, ainda que tênue, entre as populações e os recursos disponíveis em seu entorno geográfico. Esse equilíbrio garantia um mínimo de calorias e de nutrientes para as populações mais carentes.

Com o intenso processo de urbanização, iniciado nas décadas de 1950 e 1960, não só no Brasil, mas nos países subdesenvolvidos de modo geral, decorrente, entre outros fatores, do êxodo rural provocado pela concentração fundiária no campo, o equilíbrio a que nos referimos foi sensivelmente alterado. Os hábitos alimentares tradicionais foram sendo substituídos por outros, pelo menos por duas razões: a própria urbanização ou migração campo-cidade e a penetração de indústrias alimentares (as transnacionais de alimentos).

Pelo fato de as populações fixarem residência nas cidades, não foi mais possível a elas cultivar e produzir alimentos. Se nas suas roças ou mesmo no sistema de colonato essas populações obtinham arroz, feijão, milho, verduras e ainda criavam galinhas, cabras, porcos etc. e daí conseguiam fontes de calorias e nutrientes, na vida urbana isso se tornou impossível. Morando nas cidades e sofrendo ainda os apelos das campanhas de publicidade no rádio, na televisão, *outdoors*, jornais, revistas etc. das indústrias de alimentos, essas populações foram incorporadas, sob o comando das indústrias, aos novos hábitos alimentares. Cumpre lembrar que muitos padrões e hábitos alimentares adotados nos países da periferia foram transplantados dos países desenvolvidos. Se lá destinam-se a atender, de modo geral, a todas as suas populações, nos países subdesenvolvidos dirigem-se não a todos e sim a quem tem renda para adquiri-los.

Os caldos de carne, as sopas preparadas, as margarinas, as massas de bolos prontas, os sucos em pó, enfim toda uma infinidade de "empacotados", "engarrafados" e "embalados", com seus conservantes químicos e amplamente divulgados pelas indústrias locais e pelas transnacionais passaram a constituir o "cardápio" urbano. Apelando para um modo de vida moderno, a publicidade procura mostrar que os produtos industrializados são superiores e mais práticos que os tradicionais.

Nesse contexto, as transnacionais seguem exercendo um verdadeiro colonialismo alimentar; os padrões de alimentação dos países desenvolvidos, principalmente dos Estados Unidos, invadiram o mundo. Impuseram-se como o modelo a ser seguido por todos, desestruturando hábitos alimentares nacionais, regionais e locais. Por sua vez, as culturas nacionais são enfraquecidas, e não raro ameaçadas de extinção, obedecendo ao fluxo mundial do centro para a periferia, que mostra o que deve ser cultivado, subvertendo as formas originais de produção agrícola. Muitas terras que antes eram utilizadas pela agricultura de produtos alimentares estão sendo ocupadas por plantios dirigidos às indústrias de alimentos. Concomitantemente, deu-se a ampliação das áreas de pastagens e o confinamento de gado, visando abastecer de carne os *fast-foods* globalizados. Cresceram as áreas de cultivo de soja e milho, não para alimentar a população, mas para suprir de alimentos (ração animal) esse gado. A indústria química sintetizou aromas que antes eram naturais, arrasando, em consequência, camponeses ou comunidades inteiras que nelas encontravam seu meio de vida (em Madagascar, por exemplo, o impacto da baunilha sintética acabou com os camponeses que cultivavam a baunilheira).

As transnacionais de alimentos procuram, na verdade, estabelecer um modelo alimentar mundial uniforme, de tal forma que isso possa facilitar a produção e distribuição em escala global de seus produtos. A homogeneização ou padronização alimentar é para elas importante, pois, ao possibilitar a prática da economia de escala, representa menores custos e mais lucros. Os hambúrgueres, a coca-cola, a maionese, o desjejum com flocos de milho e iogurtes se impuseram em todos os continentes. Mas isso não seria possível sem a participação da publicidade e sua força de persuasão junto aos consumidores. Daí se explicam os grandes investimentos ou gastos realizados pela indústria alimentar em campanhas de publicidade. Não podemos esquecer, contudo, que esses gastos são financiados por todos nós, pois, à medida que estão embutidos nos preços dos produtos, tornam-se impostos indiretos. É um bom negócio para a indústria de alimentos, pois estamos pagando um preço para nos convencermos de seu uso.

Imagine a seguinte situação: pessoas ou famílias de baixa renda que não possuem a mínima condição de compra de produtos básicos para a sua alimentação diante de um *outdoor* colorido, anunciando um certo produto alimentar industrializado, "vestido" de embalagem também colorida e atrativa. Diante da impossibilidade de adquiri-lo, qual é a reação? É difícil prever, mas algumas hipóteses podem ser levantadas: poderão pensar que a pobreza é natural, que é uma vontade divina, e assim acreditarem que o reino do céu está reservado aos pobres (uma estranha compensação pela vida terrestre de privações); sentirem-se incapazes de ganhar a vida, e assim desenvolverem um sentimento de culpa pela pobreza em que vivem ou pela sua "incapacidade"; acharem que o pobre não sabe alimentar-se, afinal, por que não adquirir aquele produto belíssimo em vez de produtos *in natura*; pensarem que não foram eleitos por Deus ou pela sociedade e assim, de forma resignada, engrossarem a massa dos despossuídos; ou ainda, revoltarem-se com a sua condição social, com o seu país ou terra natal, que, escandalosamente, permite que muitos passem fome ou não tenham, pelo menos, a segurança alimentar. Provavelmente, sentirão na "pele" o que Oliviero Toscani, o famoso publicitário das campanhas da Benetton, afirma:

> (...) A publicidade não vende felicidade, ela gera depressão e angústia. Cólera e frustração (...)[69]

O poder da publicidade ou o seu poder de persuasão ou convencimento acaba por seduzir o ser humano, mesmo os mais humildes, a comprar prioritariamente aquilo que os meios de comunicação divulgam. Criam-se, na verdade, necessidades não necessárias. Assim, parte da renda que deveria ser canalizada para a compra de produtos alimentares fundamentais é, muitas vezes, desviada para a compra de outros artigos, muitas vezes, supérfluos. Aproveitando-se das "facilidades" de crédito, a população de baixa renda e a própria classe média tornam-se grandes colecionadores de carnês de compra ou de boletos bancários para pagamento a prazo. Estudos do Dieese (Departamento Intersindical de Esta-

69 Toscani, Oliviero. *A publicidade é um cadáver que nos sorri*. Rio de Janeiro, Ediouro, 1996. p. 33.

tística e Estudos Socioeconômicos) têm demonstrado que, na cidade de São Paulo, a participação do item alimentação no orçamento doméstico tem declinado e que as despesas com a aquisição de bens industriais domésticos (televisão, videocassete, batedeiras de bolo, *walkman*, aparelhos de som etc.) têm aumentado. A consequência disso não surpreende: ocorre o agravamento da desnutrição ou fome. O comprometimento da alimentação nessas circunstâncias é grave, pois essa tendência está sendo vivenciada não apenas pelos consumidores de hoje e sim pelas crianças que são educadas nessas condições. Amanhã serão elas os consumidores, formando-se, assim, uma sociedade condicionada a essa situação.

No México, por exemplo, médicos que trabalham em aldeias rurais têm declarado ser bastante comum observarem famílias vendendo os poucos ovos e frangos que possuem para comprar coca-cola, sorvetes etc., agravando, assim, a deficiência de proteínas na alimentação.

O leite em pó é um dos mais expressivos exemplos da força da publicidade e da ação das transnacionais de alimentos na alteração dos hábitos alimentares. A mensagem publicitária apresentou-o, durante muitos anos, como substituto ideal do leite materno ou como complemento, em caso de insuficiência deste. Entretanto, essa mensagem sugeria subliminarmente que o leite materno é insuficiente, quanto à quantidade e qualidade de nutrientes, induzindo as mães a utilizar o leite em pó e profissionais de saúde a indicá-lo. Em vista disso, muitas mães deixavam de amamentar seus filhos com o próprio leite, fato sabidamente desaconselhável, do ponto de vista médico. Nas Antilhas, as transnacionais contratavam enfermeiras das maternidades para fornecerem o nome e o endereço de mulheres que davam à luz. Em seguida, funcionários dessas empresas iam até a casa das mães e ofereciam gratuitamente produtos para os seus bebês. Era um modo de as transnacionais fazerem propaganda; entretanto, esse procedimento visava, principalmente, induzir à compra e ao uso frequente de seus produtos.

Chamamos atenção para o fato de que não se tem aqui a intenção de desconsiderar a importância do leite em pó ou dos produtos lácteos, que são, sem dúvida alguma, alternativa eficiente, mas nos casos restritos de sua indicação. O que se questiona é a forma como ele era apresentado por meio da publicidade. É por isso que a Organização Mundial da Saúde aprovou um código internacional proibindo a propaganda de alimentos para lactantes que substituam o leite materno e a distribuição de amostras grátis desses produtos.

Da mesma forma, persuadidas pelas campanhas publicitárias de corporações transnacionais e mesmo de empresas locais, muitas mães — não só de renda familiar alta e média, mas também as de baixa renda — têm substituído o leite materno e as tradicionais sopinhas domésticas feitas com produtos *in natura* por produtos infantis industrializados, que anunciam ter maior valor nutritivo. Não resta dúvida de que existe grande praticidade nessa conduta, considerando-se a tão falada vida moderna. Mas induzir a substituição de um por outro significa romper com formas culturais tradicionais de alimentação e impor formas colonialistas, que se traduzem na busca incessante das indústrias alimentares em homogeneizar ou padronizar globalmente os hábitos alimentares, com a perspectiva de ensejar facilidades na produção, distribuição, comercialização e exportação, além da obtenção de maiores lucros.

Alargamento do processo de produção de alimentos e alteração da produção agrícola

No processo de alargamento da produção de alimentos, ou seja, desde que são plantados e colhidos no campo até sua transformação nas indústrias, é agregada uma série de custos: sementes, adubos, praguicidas, colheita, transporte, industrialização, energia utilizada, embalagens, impostos, publicidade, distribuição etc. Resultado: o acesso à compra desses produtos fica restrito à população de maior renda, a quem puder comprá-los. As famílias de baixa renda, além de não poder adquiri-los, veem a sua situação alimentar piorar, em vista de a queda da oferta do produto *in natura* fazer com que o seu preço se eleve.

Concentradas em apenas alguns países, como já vimos anteriormente, as grandes transnacionais do setor alimentar não apenas ampliam a acumulação de capitais nas regiões onde se encontram suas sedes mas também exercem poderosa influência nos países da periferia do capitalismo global para que seja montada uma estrutura agrícola extrovertida, ou seja, voltada para o exterior.

O modelo extrovertido, além de alterar o sentido da produção agrícola, altera também o regime da propriedade e os hábitos alimentares. As pequenas unidades produtivas baseadas na mão de obra camponesa (familiar) são compradas por grandes fazendeiros ou pelas próprias transnacionais, acentuando, assim, a grande concentração da propriedade agrária. Ao diminuir as culturas agrícolas voltadas para o consumo interno e ampliar as destinadas ao abastecimento das indústrias de alimentos, privilegiando, portanto, os produtos alimentares industrializados, o modelo extrovertido agrava a situação alimentar da população pobre que não possui renda para comprá-los. Esse tem sido o modelo: integrar a agricultura à indústria e desta ficar dependente. Assim, os produtos alimentares industrializados destinam-se às classes sociais que possuem renda para adquiri-los, pagando por eles todos os valores agregados na sua fabricação (embalagens caras, custos de publicidade etc.).

A soja, largamente cultivada no Brasil, com alto grau de tecnologia incorporada, é um exemplo dessa inversão de prioridade. No início dos anos de 1970, houve grandes estímulos das transnacionais para que os agricultores brasileiros plantassem soja. A partir dessa década, ocorreu uma grande expansão de sua cultura nas regiões Sul, Sudeste, e Centro-Oeste. Em 1980, essa cultura já ocupava, para se ter uma ideia, 47% do total da área de lavouras no Rio Grande do Sul. Declinou um pouco nos anos seguintes, mas continuou representando uma alta taxa de ocupação do solo.

Entre 1970 e 1980, a área de soja cultivada no Brasil expandiu-se em cerca de 380%. Nesse processo de expansão, a soja asfixiou, em muitas áreas, as lavouras destinadas à alimentação (arroz, feijão, milho etc.). No planalto gaúcho, por exemplo, essa expansão aprofundou as disputas pela posse de terra, aumentou o grau de concentração da propriedade fundiária e influiu consideravelmente na qualidade de alimentação da população de baixa renda. O gaúcho, tido até então como o brasileiro de melhor padrão alimentar, viu suas condições alimentares declinarem.

CLAUS NEYER/TYBA

Cultivo mecanizado de soja no Rio Grande do Sul.

A expansão do cultivo da soja, na verdade, está ligada aos interesses das transnacionais, pois como já assinalamos, são elas que determinam o que deve ser plantado. Primeiramente, porque o seu cultivo exige grandes investimentos em insumos e máquinas, ambos produzidos com grande participação das transnacionais. Em segundo lugar, porque a soja é a matéria-prima por excelência para a fabricação de ração animal, setor largamente controlado pelas transnacionais e que envolve vendas milionárias em escala global. De início, lançaram, junto aos criadores de gado bovino, ovino, suíno e avicultores, campanhas de persuasão sobre o valor elevado desse grão, com o objetivo de obter aumento de seu consumo e a formação de um verdadeiro "complexo americano de soja", que, por sua vez, produziu um novo modelo de produção de carne em todo o mundo, ou seja, substituiu largamente a torta de algodão e de amendoim na alimentação do gado. Prometiam aos criadores verdadeiros milagres no desenvolvimento animal, sem, contudo, referir-se aos custos. Juntamente a isso, desencadearam campanhas publicitárias de exaltação das qualidades do óleo de soja na alimentação humana, em cuja fabricação há a participação das transnacionais.

Sem dúvida, a soja possui alto valor proteico. Entretanto, ela não se destina, como o feijão, a abastecer as feiras livres, a fim de atender a população em suas necessidades alimentares. Não pertence aos hábitos alimentares do brasileiro, mas, caso fosse incorporada a este, seria indiscutivelmente salutar. Com exceção do óleo de soja — usado no preparo de alimentos —, do "leite de soja" — fabricado pelas "vacas mecânicas" de muitas prefeituras do Brasil e distribuídos para as creches, não só municipais, mas também aquelas mantidas por associações filantrópicas ou de assistência social —, da margarina e de gorduras emulsionadas — utilizadas na fabricação de sorvetes industriais, de farinhas, de ingredientes na panificação etc. —, o uso do grão na alimentação humana é limitado.

Apesar da existência de proteínas vegetais texturadas — fabricadas por algumas empresas, como é o caso da Central Soya, pertencente ao grupo Bunge, transnacional argentina —, que apresentam um aspecto fibroso, permitindo que seja, por exemplo, misturado à carne em proporção de 30% para a elaboração de hambúrguer ou na carne moída, o seu uso é também limitado. É na alimentação animal que se encontra o seu grande emprego, o grande filão de venda e lucro.

Quando não é exportada em grãos, boa parte da soja produzida no Brasil vai para a indústria, onde é transformada, entre outros produtos, em ração animal. Para citar apenas um exemplo, o gado da Costa Rica, é alimentado com ração fabricada com soja brasileira pela transnacional Cargill, que tem filial no Brasil. Isso tem contribuído para aumentar a produção de carne nesse país da América Central. Observando as suas estatísticas de abate de cabeça de gado bovino por habitante, podemos achar que o consumo de carne ou de proteína animal nesse país é satisfatório ou se encontra em nível elevado. Entretanto, essa relação é enganosa, se não levarmos em conta suas exportações de carne. A carne ali produzida não visa prioritariamente alimentar a sua população, mas, sobretudo, a sua transformação em hambúrgueres para abastecer os *fast-foods* dos Estados Unidos e ainda o mercado europeu. Resultado: enquanto faltam proteínas vegetais e animais, calorias, gorduras etc. na alimentação do brasileiro e do costarriquenho, nos Estados Unidos existem em excesso. Uma pesquisa recente mostrou que 80% das pessoas com mais de 25 anos de idade nos Estados Unidos estão acima do peso, levando-se em conta seu IMC (índice de massa corporal, que é obtido dividindo-se o peso corporal pelo quadrado da altura em centímetros). Em 1983, as pessoas com mais de 25 anos e acima do peso nos Estados Unidos representavam 58%; em 1990, 64%; em 1995, 71%; e, como citamos, em 2000, 80%.

Até alguns anos atrás, o aspargo consumido no mercado dos Estados Unidos vinha da Califórnia. Entretanto, como a mão de obra e a terra eram baratas no México, algumas transnacionais lá se instalaram, entre elas a General Foods (comprada pela Philip Morris, em 1985) e a Del Monte. Não tardaram em ter o controle da quase totalidade da produção de aspargos no México, destinando-os fundamentalmente para os Estados Unidos. Seguindo essas empresas, outras penetraram no território mexicano, atraídas não só pelo baixo preço da terra e da mão de obra, mas também pela proximidade do mercado estadunidense, que lhes permite trabalhar e negociar produtos perecíveis, como hortaliças, legumes, morangos, cebolas, batatas etc., mas sempre usando variedades que satisfaçam o paladar estrangeiro e não o mexicano, uma vez que, como foi ressaltado, se destinam à exportação. É importante esclarecer que a ocupação do solo mexicano por essas culturas e outras destinadas à exportação tem sido realizada à custa da redução da área cultivada com produtos alimentares destinados à alimentação de seu povo (principalmente o milho e o feijão, que são os seus alimentos básicos). A diminuição da oferta desses produtos *in natura* no mercado, provocando a elevação de seus preços, comprometeu, por sua vez, e drasticamente, o nível alimentar, principalmente o da população de baixa renda.

O que acabamos de descrever representa muito bem as consequências da alteração do destino da produção na agricultura nos países da periferia. Indica também que são as transnacionais que determinam o que plantar, segundo as conveniências de comercialização globalizada. Possuindo grande poder, desestruturam as formas originais de produção agrícola que estavam organizadas para a produção de alimentos, substituindo-as por formas extrovertidas, segundo os seus interesses. Além do que, aniquilam os pequenos produtores, pois há, por parte delas, nítida preferência pela grande fazenda, pela grande produção ou pela produção empresarial. Necessitando de fornecimento regular de produtos da agricultura extrovertida, de preferência em sobreabundância para que os preços fiquem em patamares baixos, contribuem negativamente também para a concentração da propriedade da terra e a redução das propriedades familiares produtoras de alimentos.

Referindo-se ao Fórum Nacional sobre a Soberania Alimentar, realizada no México, em 1996, o médico brasileiro Flavio Luiz Schieck Valente, especialista em nutrição, destaca:

> (...) Nesse encontro, a destruição da agricultura mexicana a partir do Nafta (Acordo de Livre Comércio da América do Norte) foi denunciada pelos agricultores e movimentos sociais daquela nação. Em poucos anos, 40% da produção de milho do país havia sido substituída por importações provindas dos Estados Unidos, destruindo a produção local. (...)[70]

Rodolfo Stavanhagen, agrônomo e sociólogo, que possui vários estudos sobre a agricultura e o subdesenvolvimento na América Latina, adverte que a carência alimentar deverá agravar-se ainda mais no México. Isso porque a agroindústria que controla a produção de alimentos utiliza, como critério na escolha do que deve ser plantado, o dólar e não as proteínas e calorias.

Um outro fato que deve também ser considerado é aquele que diz respeito à agricultura tradicional. Ela é sistematicamente acusada de inoperante, de baixa produtividade, de ser responsável pela desnutrição ou

[70] Valente, Flavio Luiz Schieck, op. cit., p. 116.

fome, e de não possibilitar renda suficiente às famílias que a ela se dedicam. Apoiando-se nesses e em outros argumentos, há uma forte corrente que defende que ela deve ser substituída pela agricultura moderna, empresarial, patronal e com uso intensivo dos recursos de que a ciência dispõe (sementes, adubos, agrotóxicos, máquinas agrícolas etc.).

Sem negar os avanços científicos e tecnológicos e seus benefícios espetaculares para a agricultura, precisamos, no entanto, ter muito cuidado em criticar a agricultura tradicional, não só quanto aos seus aspectos gerais, mas também quanto a questões relativas ao meio ambiente.

Sabemos que a modernização agrícola exige das terras cultivadas a especialização produtiva, ou seja, a produção de um número bastante reduzido de culturas, geralmente aquelas que possuem maior aceitação no mercado mundial, dominado pelas transnacionais. Na maioria dos casos, o avanço ou a expansão da prática da agricultura e da pecuária modernas em direção a novas áreas substitui práticas agrícolas tradicionais, devastando muitos hectares de cobertura vegetal nativa, de ricos ecossistemas e biodiversidade. Em consequência, os agroecossistemas modernos apresentam diversidade biológica muito inferior, se comparados com os ecossistemas naturais (campos naturais, florestas, cerrados etc.) e com os agroecossistemas tradicionais, isto é, aqueles em que a cultura ou a lavoura é constituída pela mistura ou combinação de diferentes espécies de plantas agrícolas.

Veja o caso dos índios camponeses de Chiapas, da província de mesmo nome, no México. Há anos, lutam por sua sobrevivência, exigindo do poder provincial e central mais investimentos sociais na região, que foi esquecida por sucessivos governos. Opõem-se ao Acordo de Livre Comércio da América do Norte (Nafta = North American Free Trade Association), que entrou em vigor em 1994, entre Canadá , Estados Unidos e México. Sabem que este não lhes é favorável, pois suas terras correm o risco de ser incorporadas por empresas agropecuárias e entre elas as transnacionais do setor, que fatalmente alterarão o destino da produção agrícola e o regime da propriedade da terra.

Muito criticados, os camponeses de Chiapas são considerados atrasados. Os seus críticos argumentam que eles produzem apenas duas toneladas de milho por hectare, enquanto a agricultura moderna mexicana, utilizando sementes selecionadas, adubos químicos, tratores, colheitadeiras etc., produzem cerca de três vezes mais, ou seja, em média seis toneladas por hectare.

Esses críticos, entretanto, restringem as suas análises a aspectos parciais dessa comunidade camponesa. Esquecem ou ignoram que os camponeses de Chiapas produzem uma colheita mista: entre seus pés de milho, que também servem para suporte de variedades de feijão (que são trepadeiras) ali plantados, eles cultivam legumes, abóboras, batata-doce, batata-inglesa, tomate e muitos outros vegetais, frutas e ervas medicinais. Assim, num mesmo hectare, eles produzem uma alimentação variada para a comunidade e também aquelas destinadas às suas criações de animais. Dessa forma, os indígenas camponeses de Chiapas facilmente chegam a produzir mais alimentos que as seis toneladas de milho, tão festejadas pelos defensores da agricultura moderna. Chegam a obter mais de seis toneladas de alimentos/hectare, mas com uma diferença fundamental, se comparada com os "modernos" fazendeiros mexicanos: a fertilidade de suas terras é mantida sem fertilizantes comer-

DANNY/LEHMAN/COBIS/STOCK PHOTOS

Campos de plantação em Chanula, próximo a San Cristobal de las Casas. Chiapas, México, 1995.

ciais, não utilizam pesticidas, a produção é garantida sem a assistência creditícia de bancos, governos ou corporações transnacionais. Além disso, como os camponeses de Chiapas cultivam várias espécies de vegetais numa mesma área, propiciam, assim, maior diversidade biológica, com todas as suas vantagens, se comparada ao agroecossistemas modernos monocultores. Estes, preocupados apenas com a produtividade e o lucro, agridem o meio ambiente, compactam o solo, destroem a sua microfauna e microflora, enfim causam impactos ambientais, muitos deles irreversíveis.

Para a agricultura moderna, mais importante que o solo ou o meio ambiente, são as máquinas, fertilizantes agroquímicos, créditos bancários etc. Na verdade, a denominada agricultura moderna se tornou refém de um imenso complexo industrial nacional e transnacional que lhe vende sementes, inseticidas, herbicidas, fungicidas, corretivos de solo, tratores, colheitadeiras, semeadeiras, grades niveladoras, roçadeiras, pulverizadores, arados etc. Ou, como advertiu o ecologista José Lutzenberger, em 1980, e que ainda mantém a sua atualidade:

> (...) O agricultor se transforma cada vez mais em apêndice da indústria de maquinarias e agroquímica. (...)[71]

Portanto, não se trata simplesmente de apostar nas atividades ru-rais e ditas tecnologicamente sustentáveis. Na agricultura existe um variado campo constituído por mercados quantitativos e outros que priorizam a qualidade. Muitos países da Europa, diante do uso extensivo de defensivos agrícolas em escala mundial e do aparecimento dos transgênicos, atribuem valor comercial apenas aos produtos com "selo orgânico". E é isso que pode alterar a atual produção não só de grãos mas também de legumes e verduras, favorecendo regiões como Chiapas e outras, e trazendo uma consciência sustentável para as futuras gerações.

[71] Lutzenberger, José A. *Fim do futuro? Manifesto ecológico brasileiro.* Porto Alegre, Movimento/Universidade Federal do Rio Grande do Sul, 1980. p. 72.

10. Despesas militares, destino da produção dos cereais, dívida externa e liberalização do comércio: contradições num mundo de miséria e fome

A CADA MINUTO, GASTA-SE NO MUNDO MAIS DE US$ 1,5 MILHÃO PARA FINS MILITARES. DURANTE ESSE MINUTO, CERCA DE 21 CRIANÇAS MORREM NOS PAÍSES POBRES, MUITAS DENTRE ELAS DE FOME E DAS CONSEQUÊNCIAS DA SUBNUTRIÇÃO.[72]

DEVEMOS DEIXAR NOSSAS CRIANÇAS MORREREM DE FOME, PARA QUE POSSAMOS PAGAR AS NOSSAS DÍVIDAS?[73]

Despesas militares: US$ 128 *per capita*/ano

As despesas militares mundiais — mesmo após o fim do confronto Leste-Oeste (União Soviética e Estados Unidos) ou da corrida armamentista encetada por esses dois países durante cerca de quarenta anos — continuam em patamares elevados. Em 1975, foram de US$ 450 bilhões de dólares; em 1984, atingiram US$ 800 bilhões; em 1988, no auge do programa "Guerra nas Estrelas", do governo Ronald Reagan, atingiram quase 1 trilhão de dólares, o

[72] Citação de Palmer, Olof, ex-primeiro-ministro da Suécia. *Correio da Unesco*, jun. 1984, ano 12, n. 6, p. 32, com atualização dos dados para 2002.
[73] Nyerere, Julius, ex-presidente da Tanzânia. *Correio da Unesco*, jun. 1984, ano 12, n. 6, p. 45.

que, na época, equivalia a uma despesa anual mundial equivalente a US$ 200 *per capita*.

Mesmo após o fim da Guerra Fria, os gastos militares continuaram elevados, principalmente após os atentados de 11 de setembro de 2001, quando os Estados Unidos aumentaram cerca de 10% o seu orçamento militar de 2002. E, segundo planos do Pentágono, ou seja, da Secretaria da Defesa e do Estado-Maior Geral das Forças Armadas dos Estados Unidos, os gastos militares desse país deverão ter aumentos paulatinos até 2009, para suportar a permanência de tropas militares no Afeganistão, no Iraque e na Libéria (no ataque ao Iraque, os Estados Unidos despenderam cerca de US$ 80 bilhões que não constavam do orçamento militar de 2003, quantia superior ao PIB, por exemplo, do Chile, da Ucrânia e de muitos outros países).

No ano de 2002, os gastos militares mundiais foram de US$ 794 bilhões, valor esse superior ao PIB de cerca de 180 países, inclusive ao do Brasil, calculado em US$ 451 bilhões em 2002, e que no *ranking* mundial ocupa o 14º lugar em orçamento militar:

TABELA 18. MAIORES ORÇAMENTOS MILITARES DO MUNDO

País	Orçamento (em bilhões de dólares)	Parcela do gasto mundial (em %)
EUA	335,7	43
Japão	46,7	6
Reino Unido	36,0	5
França	33,6	4
China	31,1	4
Alemanha	27,7	4
Arábia Saudita	21,6	3
Itália	21,1	3
Irã	17,5	2
Coreia do Sul	13,5	2
Índia	12,9	2
Rússia	11,4	2
Turquia	10,1	1
Brasil	10,0	1
Israel	9,8	1

O gasto militar em 2002 foi de **US$ 794 bilhões**

No mesmo ano, o PIB brasileiro foi de **US$ 451 bilhões**

Fonte: *Folha de S. Paulo*, 18 jun. 2003. p. A 15.

Dividindo-se o valor de US$ 794 bilhões, que corresponde aos gastos militares mundiais em 2002, pela população mundial nesse ano, calculada em 6,2 bilhões, verifica-se que foi investido em despesas militares o equivalente a US$ 128 *per capita*, quantia mais que necessária para erradicar a fome no mundo e salvar milhões de crianças da desnutrição e da morte.

Comparando-se os gastos militares anuais com as necessidades financeiras da Cúpula Mundial de Alimentação (Roma), patrocinada pela FAO em 1996 para o combate da fome, a diferença é absurda.

Como já citamos na parte e tópico 1 deste livro, em 1996, a Cúpula Mundial de Alimentação, subscrita por 185 países, comprometeu-se a aliviar a fome de mais de 815 milhões de pessoas em todo o mundo. Para tanto, estabeleceu um plano com a meta de que em 2015 esse número devia ser reduzido ao máximo em 400 milhões de pessoas, o que corresponderia à diminuição de 20 milhões de famintos por ano.

Cinco anos depois, em junho de 2002, os representantes dos países reunidos na Cúpula realizaram um balanço dos resultados do plano de ação comum traçado em 1996. Chegaram à seguinte conclusão:

- a meta de redução das pessoas em situação de fome, calculada em 20 milhões por ano, não foi cumprida;
- obteve-se apenas uma redução anual de aproximadamente 6 milhões de pessoas, resultado muito aquém do estabelecido;
- diante do fracasso, nesses cinco anos, decidiram que a meta anual de erradicação da fome fosse elevada para 22 milhões de pessoas até 2015, para que o objetivo inicial de 400 milhões de pessoas seja cumprido.

O balanço ou a avaliação realizada em 2002 mostra, portanto, o descumprimento das metas traçadas em 1996. Muitos países não só descumpriram as metas, como também não se empenharam em manter a redução das pessoas em estado de fome alcançados em anos anteriores. Realmente, não houve empenho ou determinação por parte de muitos governos.

E qual foi o montante de dinheiro necessário estabelecido pela Cúpula Mundial de Alimentação para cumprir a meta de erradicar a fome de 400 milhões de pessoas até 2015? Comparado às despesas militares, é uma ninharia. Foram calculados em apenas US$23,8 bilhões anuais, ou seja, cerca de 33 vezes menos do que os gastos militares do ano de 2002. Os dirigentes das nações preferem, indiscutivelmente "canhão ao pão". Lamentavelmente o poder se sobrepõe, neste nosso mundo repleto de irracionalidades, ao direito que toda pessoa tem de se alimentar satisfatoriamente. Afinal, as guerras ou os conflitos armados alimentam poderosos complexos industriais-militares, sediados principalmente nos países desenvolvidos. Indiferentes às tragédias humanas, seus interesses estão focalizados nas possibilidades de lucros que as guerras lhes oferecem e

Fonte: Unicef. *Situação mundial da infância*, 1996.

não no espírito de solidariedade em relação aos famintos e deserdados. Não estão preocupados com a construção de um mundo melhor, justo e solidário e sim, e de forma insensível, apenas com seus interesses comerciais. A militarização crescente do mundo e os avanços na construção de armamentos cada vez mais sofisticados constituem, ao lado da fome, uma das grandes contradições de nosso tempo.

O Unicef (Fundo das Nações Unidas para a Infância), ao publicar o seu relatório anual, denominado *Situação mundial da infância*, em 1996, fez uma comparação muito ilustrativa para mostrar o desperdício de recursos financeiros na fabricação de armamentos. Aponta também o que seria possível realizar, caso esses recursos fossem canalizados para investimentos sociais, como mostra o quadro da página anterior.

Boa parte dos cereais produzidos destina-se a alimentar o gado

Provavelmente por falta de informações, muitos ainda pensam que a existência da fome no mundo é consequência da falta de produção de alimentos ou que a agropecuária não produz alimentos em quantidade e qualidade suficiente para todos. Entretanto, na altura em que nos encontramos neste livro, ou seja, quase no seu final, o leitor já compreendeu que isso é falso. As questões que explicam a existência da fome ou desnutrição são outras. Não têm relação com a falta de produção de alimentos, como já foram apresentados anteriormente. Entretanto, desejamos aqui esclarecer alguns pontos.

Segundo o Banco Mundial, estudos realizados na década de 1980 mostravam que existiam cereais em quantidades suficientes para assegurar a toda a população mundial mais de 2.000 calorias e 65 gramas de proteínas por dia por habitante.

Em 2002, John Madeley, aponta que:

> (...) Há alimento disponível para fornecer quase 2 kg para cada pessoa por dia: 1,13 kg de cereais, feijões e frutos secos,

> 0,5 kg de carne, leite e ovos e 0,5 kg de frutas e hortaliças. Isto é suficiente para dar a todo mundo uma dieta adequada. (...) [74]

O que acontece então?

A resposta a essa pergunta é encontrada principalmente no desperdício e na destinação dos alimentos produzidos no mundo. Quanto ao desperdício, basta verificar, por exemplo, o lixo doméstico. Milhares de toneladas de alimentos são aí despejados anualmente, resultantes de sobras de famílias que, sem preocupação alguma, desperdiçam alimentos que poderiam alimentar outras famílias. Assim, nos restos dessas famílias, principalmente as pertencentes às classes sociais mais abastadas, verifica-se, em grande proporção, o esbanjamento. O desperdício é também largamente encontrado nos chamados restos de restaurantes, *fast-foods* ou lanchonetes, bares, lanches servidos em voos aéreos, feiras livres, supermercados, centros de abastecimentos e ainda durante as colheitas e no transporte de grãos etc. O Ceagesp — Companhia de Entrepostos e Armazéns Gerais de São Paulo — é um exemplo do desperdício. Considerado um dos grandes entrepostos de frutas e verduras do mundo, tem a função de abastecer a Grande São Paulo (17.834.000 de habitantes, segundo o censo 2000) e outras localidades. Estima-se que ali são jogados fora diariamente mais de 1.000 kg de alimentos em boas condições de uso (por exemplo, para o atacadista que lá comercializa os seus produtos é mais fácil e econômico jogar fora uma caixa de tomates ou de laranjas, cuja metade tenha estragado ou "passado do ponto", do que se debruçar sobre essa caixa e separar as frutas que estão em boa condição). Como nas feiras livres, reproduz-se no Ceagesp a cena de homens, mulheres e crianças à cata de comida grátis. Uns, com olhares baixos, disfarçam as suas intenções de apanhar as sobras ou os restos, pois ainda lhes restam o pudor e sabem que essa situação é humilhante. Outros, se perguntados por que catam as sobras, respondem que é preferível pegar os res-

---

[74] Madeley, John, op. cit., p. 49.

tos do que roubar, mas o ideal seria mesmo ter um emprego, para que a dignidade fosse restituída.

Uma avaliação realizada pela Coordenadoria de Abastecimento da Secretaria de Agricultura do Estado de São Paulo estima que o Brasil perde anualmente cerca de 24 milhões de toneladas de grãos, hortaliças e frutas, o que corresponde a 5,4 bilhões de dólares (há estudos, como os da Divisão de Engenharia de Alimentos do Instituto Mauá de Tecnologia, em São Paulo, que apontam o desperdício de 8,7 bilhões de dólares). As perdas dão-se nas diversas etapas do "caminho percorrido" pelo alimento, desde a colheita até o prato do consumidor (colheita, transporte, armazenamento, beneficiamento dos produtos nas agroindústrias, comercialização nas feiras livres, mercados e centros de abastecimento, restaurantes comerciais e industriais, cozinhas domésticas etc.).

Existem movimentos sociais, no Brasil, que têm o objetivo de orientar o consumidor tanto quanto ao desperdício de alimentos, quanto à compra de produtos e às propriedades dos alimentos etc. Inspirados na ONG New American Dream (Novo Sonho Americano), pregam o "consumo consciente ou ético". No Brasil, por exemplo, a ONG Instituto Akatu (*site*: www.akatu.net) tem se dedicado a esse trabalho.

Grande parte da produção mundial de alimentos, principalmente os cereais, destina-se à alimentação animal, nos países desenvolvidos. Estima-se que 43% das reservas de cereais do mundo são consumidas pelo gado, principalmente nos países ricos, para atender a seu consumo exagerado de carne ou de proteínas animais. Por incrível que possa parecer, os cereais que faltam na alimentação da população dos países periféricos são consumidos pelos animais nos países ricos. Assim, enquanto o gado dos países desenvolvidos engorda, ganha peso e produz leite em grande quantidade, não só para abastecer o mercado, mas também a indústria de laticínios, milhões de homens, mulheres e crianças dos países pobres sofrem de desnutrição e muitos morrem de inanição. Enquanto grandes parcelas da população dos países desenvolvidos possuem superconsumo ou excesso de consumo de proteínas de origem animal, que, segundo a medicina, ocasiona alta proporção de doenças de degenerescência (principalmente de caráter cardiovascular), nos países da periferia, partes consideráveis de suas populações apresentam subconsumo, tanto em quantidade como em qualidade.

Segundo especialistas, para obter o equivalente a uma caloria de origem animal é necessário destinar cerca de três a dez calorias de origem vegetal para alimentar essa fonte animal, dependendo do vegetal que é utilizado. São, portanto, cerca de três a dez calorias de origem vegetal que deixam de ser destinadas à alimentação humana e que são dirigidas para produzir uma caloria de origem animal, para atender principalmente o apetite da população — tanto dos países desenvolvidos como dos subdesenvolvidos, bem entendido — que possui renda para adquirir carne, leite e seus derivados.

Na verdade, não faltam alimentos no mundo. A produção é suficiente para atender a todos. O problema é que, além do desperdício, e de sua destinação, existe uma questão crucial — a renda.

Neste mundo pautado pela economia de mercado, os alimentos não se destinam a quem precisa deles, mas aos que têm renda para adquiri-los.

Dívida externa e a deterioração do nível de vida

Durante a década de 1960, mas principalmente na de 1970, os países da periferia, de um modo geral, em vista da reduzida poupança interna, lançaram mão de empréstimos de dinheiro no exterior, visando financiar o seu crescimento econômico. Havia, na década de 1970, nos principais meios financeiros internacionais, abundante oferta de recursos financeiros (dólar) para empréstimos a juros baixos ao país que se interessasse. Esse dinheiro, os *petrodólares*, como ficaram conhecidos, eram provenientes das exportações de petróleo, principalmente dos lucros obtidos após a elevação de preço do produto pela Organização dos Países Exportadores de Petróleo (Opep), em 1973, quando então o preço do barril de óleo bruto elevou-se de 3 para 12 dólares. Não encontrando aplicação dentro das reduzidas estruturas econômicas dos países produtores exportadores de petróleo (principalmente do Oriente

Médio), esse dinheiro foi aplicado na compra de ações, no mercado imobiliário e em depósitos nas instituições bancárias e financeiras dos países industrializados. Havia, assim, na década de 1970, grande liquidez no mercado financeiro internacional, possibilitando que os países da periferia obtivessem, sem grandes condições ou restrições, empréstimos fáceis.

Se, por um lado, esses empréstimos ajudaram os países da periferia a promover o seu crescimento econômico, a implantação ou o desenvolvimento da infraestrutura de transportes e de energia e a financiar a agricultura, mineração, indústrias etc., por outro lado conduziram esses países a um grande endividamento. Tal situação foi agravada quando, no início da década de 1980, o governo dos Estados Unidos (presidência Ronald Reagan) elevou as taxas de juros internas, com o objetivo de combater a inflação, que, segundo os especialistas, era causada pela existência de crédito fácil e juros baixos no seu mercado interno. Consequentemente, essa política econômica gerou recessão e em seguida a diminuição do ritmo industrial nos Estados Unidos, com repercussões em todo o sistema capitalista, entre elas a diminuição das compras de produtos primários dos países periféricos. A diminuição das compras, no entanto, provocou uma grande oferta de produtos primários no mercado internacional, com consequências drásticas na queda de seus preços, seguida de recessão nos países periféricos. A recessão, ao provocar uma diminuição da atividade econômica, provocou também uma escassez de dinheiro, seguida da elevação das taxas de juros.

A queda dos preços dos produtos primários, a elevação dos preços dos produtos industrias e dos juros, enfim, a recessão, levaram os países da periferia a uma situação crítica. Com suas receitas declinando e suas despesas aumentando, esses países entraram num círculo asfixiante, ou seja, passaram a lançar mão de novos empréstimos no exterior para pagar, sobretudo, empréstimos a vencer, ou vencidos, e os juros da dívida. O endividamento foi se agigantando, transformando-se em uma bola-de-neve, com graves consequências econômicas e sociais, não só na década de 1980, chamada de década perdida, mas até os dias atuais, como mostra a tabela 19.

TABELA 19. DÍVIDA EXTERNA TOTAL (EM BILHÕES DE DÓLARES)

Regiões	1970	1980	1990	2000	2001
África[1]	6,9	60,9	176,9	215,8	208,9
Ásia do Leste e do Pacífico	11,2	94,1	274,0	633,0	604,3
Ásia do Sul	12,3	37,8	129,5	165,7	159,3
Europa[2] e ex-URSS	5,0	756	219,9	499,3	485,9
América Latina	32,5	257,2	474,7	774,4	787,1
Oriente Médio e África do Norte	4,8	83,8	183,5	203,8	196,6
TOTAL	72,8	609,4	1.458,4	2.492,0	2.442,1

[1] Não incluída a África do Norte (Marrocos, Argélia, Tunísia, Líbia e Egito).
[2] Países europeus não-pertencentes à OCDE (Organização para a Cooperação e Desenvolvimento), chamada "clube dos ricos", por reunir os países mais ricos (Estados Unidos, Canadá, Alemanha, França, Holanda etc., num total de 30 países que, juntos, produzem cerca de 80% dos bens e serviços mundiais).

Fonte: *L'État du Monde*, 2003, Paris, La Découverte, 2002. p. 59.

Quanto ao Brasil, o seu endividamento externo foi também galopante. De 10 bilhões de dólares em 1970, passou para 60 bilhões, em 1980; 98 bilhões, em 1990; e 209,9 bilhões, em 2001.

O peso da dívida externa e o pagamento dos juros foram sentidos pela sociedade brasileira já no final da década de 1970. Com as suas receitas fortemente comprometidas para honrar os compromissos externos, o Estado brasileiro diminuiu sensivelmente não só os investimentos produtivos, mas, sobretudo, os investimentos sociais (saúde, educação etc.).

Os anos de 1980, se não foram os piores para o Brasil, foram, contudo, bastante difíceis e conturbados. Em termos percentuais, o PIB cresceu 16,9%, entre 1980 e 1991, o que representou uma média muito modesta de 1,5% por ano, o que justifica o período ser considerado como a "década perdida". Nesse mesmo período, como já apontamos anteriormente, o crescimento populacional apresentou uma média anual de 1,91%, superior, portanto, à do PIB. Isso representou queda na renda *per capita*, desemprego, falências e aumento da pobreza ou do conjunto de excluídos da sociedade brasileira. Para agravar ainda mais a situação econômica e social do Brasil, a inflação atingiu patamares elevados, chegando, em certos momentos, à beira da hiperinflação (em março de 1990, a inflação atingiu a taxa recorde de 84%), penalizando de forma drástica a população de baixa renda, a mais vulnerável à desvalorização da moeda. O poder de compra do salário mínimo diminuiu assustadoramente. O trabalhador passou a ter necessidade de trabalhar mais horas para comprar a mesma cesta básica de alimento, conforme vimos no capítulo 7. Trabalhando mais e se alimentando menos, as suas condições de saúde pioraram. O desemprego aumentou consideravelmente, provocando até mesmo saques a supermercados e a outros estabelecimentos comerciais, demonstrando o desespero das camadas pobres da sociedade brasileira. A violência urbana e a desesperança intensificaram-se, principalmente entre a população jovem. Cresceu o número de crianças de rua, ou de menores abandonados. Os movimentos dos sem-teto e dos sem-terra, diante da inoperância do Estado no sentido de encaminhar soluções para o problema histórico da habitação popular e do acesso à terra rural, organizaram-se em bases mais sólidas e se mobilizaram, ocupando prédios abandonados e áreas de terras urbanas e rurais. Afinal, cansados de esperar por quase 500 anos, decidiram intensificar as suas ações na defesa de seus direitos. Como escreveu o jornalista Josias de Souza:

> (...) Historicamente, o maior feito do movimento (dos sem-terra) foi o de ter dado voz aos habitantes dos fundões do Brasil. Em marchas notáveis, expôs às elites hordas de miseráveis que, desmobilizados, talvez ainda conservassem a condição de seres invisíveis. (...)[75]

Os investimentos públicos em áreas sociais despencaram, comprometendo ainda mais as tradicionais deficiências existentes nos serviços de saúde, educação, habitação e saneamento básico, atingindo justamente a população carente, a mais deficitária desses serviços. As condições nutricionais também pioraram de forma alarmante, aumentando a taxa

[75] Souza, Josias de. "MST ameaça a 'paz e amor' de Lula". *Folha de S.Paulo*, 26 ago. 2003, Sinapse, p. 17.

de mortalidade infantil e a proporção de nascimento de crianças com baixo peso, invalidando as conquistas que o país tinha realizado em anos anteriores. No período de 1940-82, a taxa de mortalidade infantil havia declinado de 163,4‰ para 65‰. Entretanto, nos anos de profunda crise econômica e social — 1983-84, elevou-se respectivamente para 66,9‰ e 66,7‰ (em 2001, as estimativas apontam uma taxa de 28,7 óbitos por mil nascidos vivos; no Nordeste ainda é muito elevada, 43‰).

Já na década de 1980, diante das dificuldades econômicas, sociais e financeiras dos países subdesenvolvidos, entraram em cena os receituários do FMI e do Banco Mundial, os famosos ajustes estruturais propostos por essas instituições, ou seja, liberalização do comércio, redução dos mecanismos de controle sobre o mercado, privatização das empresas estatais, redução dos gastos com programas sociais, tais como serviços de saúde e educação pública, eliminação de subsídios à indústria, à agricultura e à alimentação, redução das despesas com funcionalismo público, abertura das fronteiras nacionais à penetração do capital internacional, incluindo o financeiro, incentivo aos agricultores de produtos voltados para o mercado externo, menor presença do Estado na economia, diminuição dos gastos governamentais e, portanto, do déficit fiscal etc. Essas medidas eram, e ainda são, propostas aos países da periferia como necessárias para que eles pudessem estabilizar-se, voltar a crescer e recuperar as suas frágeis economias, apesar do alto preço social que estas medidas impõem às sociedades e a tão propalada "modernização do Estado".

Passados mais de 15 anos dos programas de ajuste estrutural, os resultados são medíocres, até mesmo funestos. Na maioria dos países não ocorreu um maior crescimento econômico, que era supostamente o objetivo dos ajustes estruturais. Os programas também não possibilitaram o desenvolvimento social, apesar de alguns avanços, no caso do Brasil, de certos indicadores sociais (mortalidade infantil, saneamento básico, por exemplo), a dimensão da pobreza ainda permanece enorme e novas formas de exclusão social foram incorporadas (violência urbana, desemprego mesmo entre a população de maior instrução) às já tradicionalmente existentes.

As reduções orçamentárias dos Estados da periferia prejudicaram sensivelmente os investimentos públicos sociais. E a busca incessante de superávits primários para o pagamento da dívida externa, que é, aliás, uma das condições impostas pelo FMI — ou ainda para manter a credibilidade externa ou mais propriamente junto ao mercado financeiro internacional — prejudicando, em larga medida a credibilidade interna de seus governantes — tem sufocado as possibilidades de crescimento/desenvolvimento dos Estados periféricos. Consequentemente, e em larga medida, o desenvolvimento social, o combate à pobreza e à fome se veem comprometidos.

Os ajustes estruturais se opõem à afirmação e à presença de um Estado regulatório, redistribuidor de riqueza e ciente de sua responsabilidade social. Ainda mais sabendo-se que nas condições atuais da economia globalizada, em que os agentes econômicos, sendo muito desiguais, geram relações acentuadamente desiguais, os Estados não podem estar a serviço de outros interesses que não sejam os seus próprios, ou seja, de sua sociedade como um todo.

Diante das precárias e até mesmo trágicas condições de vida das crianças do mundo subdesenvolvido, o Unicef, reconhecendo o impacto dos ajustes estruturais sobre as populações, elaborou um documento, no final dos anos de 1980, intitulado *Ajuste com dimensão humana*. Ali propunha a necessidade de se proceder uma mudança de política a ser aplicada pelos credores sobre os devedores. O documento continuava defendendo a necessidade de se estabelecer "ajustes" nas economias dos países periféricos. Entretanto, ressaltava que eles deveriam ter uma dimensão humana, ou seja, deveriam preocupar-se em proteger os segmentos mais vulneráveis da população durante o período de ajuste. Para tanto, ressaltava que tinha de haver prioridades e que estas deveriam privilegiar a redenção da infância indefesa, a curto prazo, enquanto se formulava a política de estabilização — o ajuste propriamente dito — a médio prazo. Em outras palavras, o Unicef tentava mostrar para o FMI e Banco Mundial que pelo menos as crianças não podiam sofrer com os impactos restritivos trazidos pelos ajustes.

A solução para a precariedade e a deterioração das condições sociais não só das crianças, como de grande parcela da população dos países periféricos, não se prende, na verdade, somente à aplicação de "um ajuste com dimensão humana", como propôs o Unicef. De nada adianta assistir a criança agora e oferecer-lhe um futuro, como adulto que ela será amanhã, sem perspectivas ou com enormes restrições. A dívida externa dos países periféricos — que já é um fenômeno endêmico — e suas consequências sobre as condições de vida da população não são questões meramente econômico-financeiras. Trata-se fundamentalmente de um problema político derivado das próprias condições em que se deu a inserção dos países periféricos no capitalismo, principalmente comercial, depois industrial e, atualmente, financeiro. Condições essas fartamente estudadas nos meios acadêmicos, pelas relações de dominação, exploração e subordinação. Advertimos, todavia, que é bastante cômodo responsabilizar essas relações, os ajustes estruturais, a dívida externa etc., pela situação econômica, financeira e social do mundo subdesenvolvido. Não há dúvida de que esses fatores exercem um peso significativo. Mas a questão não pode parar por aí. Se assim fosse, estaríamos apenas considerando de forma parcial o problema. Não podemos isentar de responsabilidade sobre essa situação as próprias sociedades dos países periféricos, principalmente as suas elites dirigentes que, historicamente, sempre se opuseram a reformas políticas, econômicas e sociais que pudessem beneficiar toda a população e que até mesmo eliminassem ou diminuíssem o grau de dependência ao exterior. Pouco fizeram para que ocorresse um desenvolvimento/crescimento autônomo ou autossustentado. Renderam-se à submissão externa, mas mantiveram os seus privilégios internos.

Finalizando este tópico, cabe a pergunta. Será que existe efetivamente interesse por parte do FMI, do Banco Mundial e das grandes corporações transnacionais que os países da periferia saldem as suas dívidas?

Não se trata de uma pergunta absurda ou descabida, ainda mais quando se considera que a dívida é uma forma de subordinação dos países da periferia aos países centrais. E, além do mais, ela serve de aval ou de pretexto para que esses organismos internacionais se sintam no direito de intervir nas políticas econômicas nacionais e impor os receituários que lhes sejam convenientes, mesmo que isso implique na deterioração da tão deteriorada condição de vida de milhões de pessoas do mundo periférico.

Liberalização do comércio e fome

Com o objetivo de entender a situação atual quanto ao comércio internacional, faremos, de início, um breve apanhado histórico.

Com a ampliação do horizonte geográfico europeu, por meio das grandes navegações marítimas, entre os séculos XV e XVIII, e a formação de um mercado mundial, o comércio internacional expandiu-se espetacularmente. Tornou-se, nesse período, a grande fonte de riqueza das nações. Economistas da época, por exemplo, o inglês Thomas Mun (1571-1641), autor de *Riqueza da Inglaterra através do Comércio Exterior*, defendeu que a força econômica e política de um Estado tem por base a acumulação de metais preciosos (ouro e prata) ou o seu entesouramento. E que isso poderia ser realizado por meio do desenvolvimento do comércio exterior, de saldos favoráveis ou positivos na balança comercial e da adoção, por parte do Estado, da política protecionista no comércio.

Nesse período, portanto, conhecido por capitalismo comercial ou mercantilismo, com a sua política de comércio exterior calcada no protecionismo, as nações tinham a preocupação de vender o máximo de produtos para as demais e delas importar o mínimo, a fim de acumular divisas. Podem-se distinguir, nesse período, três formas de mercantilismo:

• o mercantilismo espanhol, chamado também de metalista ou bulionista (do inglês *bulion* que significa "lingote", alusão à lâmina ou barra de metal fundido, por exemplo, o lingote de ouro), que tinha por base a acumulação de ouro e prata , obtidos, num primeiro momento, da conquista espanhola da América, por meio de saques dos impérios asteca, maia e inca e posteriormente pela exploração de suas minas;

• o mercantilismo francês ou industrialista, que na ausência de ouro e prata na França e em suas feitorias e colônias pregava a importância do desenvolvimento das atividades produtivas internas, que permitissem vendas para o exterior de seus produtos manufaturados; entretanto isso deveria ocorrer juntamente com o desencorajamento à entrada de produtos estrangeiros, a fim de se obter um saldo comercial superavitário, além da firme participação do Estado como órgão disciplinador e regulamentador do comércio de manufatura;

• o mercantilismo inglês, que, de início, defendeu que a prosperidade nacional deveria ter por base o comércio dirigido pelo Estado e uma balança comercial sempre favorável; posteriormente, aproveitando os saldos comerciais positivos, aplicou-os no sistema produtivo interno, desenvolvendo, de forma significativa, a manufatura, descobrindo, assim, que a riqueza de uma nação não se restringe tão-somente ao comércio exterior, mas, sobretudo, à capacidade de produzir mercadorias — essa nação se preparava para a Primeira Revolução Industrial.

Cumpre destacar que o denominador comum desses três mercantilismos foi a política comercial protecionista. E a diferença entre o mercantilismo espanhol, como também o português, em relação ao francês e inglês, é que os primeiros estavam voltados, fundamentalmente, para a comercialização e os demais, além da comercialização, para a produção manufatureira, preparando-os para a Primeira Revolução Industrial (é nesse período que se dá a acumulação primitiva do capital, condição necessária para a Revolução Industrial).

Com o advento da Revolução Industrial, em meados do século XVIII, primeiramente na Inglaterra e depois em outros países, e com o fortalecimento do capital industrial, a era mercantilista chegou ao fim, e o protecionismo comercial passou a ser questionado. No lugar do protecionismo comercial, a Inglaterra encabeçou o movimento em direção ao livre-comércio ou livre-cambismo, apoiada nos trabalhos de economia de Adam Smith, David Ricardo e outros e, principalmente, na lei das vantagens comparativas ou custos comparativos, introduzida na teoria do comércio exterior, em 1817, por David Ricardo. Pela lei das vantagens comparativas, cada país deveria produzir o que lhe custasse menos e importar aquilo cuja produção lhe custasse mais em comparação com outros países ou centros de produção.

De início, em vista do atraso industrial das nações em relação à Inglaterra, o livre-comércio foi visto com receio, devido às suas reais possibilidades de frear o desenvolvimento econômico nacional e estreitar a dependência em relação aos países industrializados. Posteriormente, com a industrialização dos Estados Unidos e de países da Europa Ocidental, o livre-cambismo foi gradativamente ganhando força, sem, contudo, pôr fim às políticas comerciais protecionistas dirigidas tanto a setores da atividade econômica como a produtos específicos.

Terminada a Segunda Guerra Mundial, em 1945, a questão do livre-comércio voltou à pauta das discussões. Os Estados Unidos tornaram-se, no pós-guerra, os maiores defensores do livre-cambismo e do multilateralismo comercial e críticos ferrenhos do bilateralismo e da formação de blocos econômicos comerciais (leia texto a seguir, Tipos de Blocos Econômico-Comerciais). Aceitaram a criação, em 1957, da CEE (Comunidade Econômica Europeia) ou do MCE (Mercado Comum Europeu), constituído, na época de sua formação, por seis países (França, Alemanha Ocidental, Itália, Bélgica, Luxemburgo e Países Baixos), apenas por questões geopolíticas, ou seja, para conter o avanço soviético e resguardar a Europa Ocidental como sua área de influência.

Tipos de Blocos Econômico-Comerciais

Distinguem-se pelo menos quatro tipos de blocos:

- **União aduaneira ou alfandegária**: acordo de eliminação das barreiras alfandegárias entre países ou estados e fixação de tarifa comum externa aos países não-membros que negociam com o bloco. A união alfandegária pode formar-se em torno de um grupo de produtos ou de todos.
- **Zona de livre-comércio**: acordo de eliminação ou redução de taxas alfandegárias sobre a importação e exportação de

produtos entre os países-membros; no comércio com países-não membros, cada país do bloco possui autonomia para fixar as suas tarifas alfandegárias.

- **Mercado comum**: associação comercial de dois ou mais países ou Estados, baseada na eliminação de todas as tarifas alfandegárias, cotas de importação e outros obstáculos, além de livre circulação de pessoas, capitais e serviços entre os países--membros.

- **União econômica e monetária**: possui as mesmas características do mercado comum, além da adoção de uma moeda única e de uma política de desenvolvimento nos países-membros.

Os impostos e tarifas alfandegárias, desde o século XIX, vinham sendo consideradas, pelos defensores do liberalismo econômico, um obstáculo para o crescimento do comércio entre os povos e para o próprio crescimento das nações. Assim, em 1947, com o grande empenho dos Estados Unidos, foi criado o GATT (General Agreement on Tariffs and Trade — Acordo Geral Sobre Tarifas e Comércio), que a partir desse ano passou a ser o organismo internacional para regulamentar, promover e estimular o livre-comércio.

De 1947 a 1994, foram realizadas oito rodadas de negociação entre os países-membros do GATT, com o fim de diminuir as barreiras comerciais. A última, denominada Rodada do Uruguai, realizada entre 1986 e 1994, foi a mais longa e a mais importante. Primeiramente, porque fechou o seu ciclo com a transformação do GATT na Organização Mundial do Comércio (OMC), entidade mais abrangente e com maior poder. A OMC passou a ser o fórum internacional para julgar os impasses comerciais entre países, por meio de seu Comitê de Arbitragem e de seu Órgão de Solução de Controvérsias, que ditam sanções comerciais caso um país membro tenha violado alguma regra do comércio internacional. Em segundo lugar, porque a Rodada do Uruguai ampliou a abrangência dos acordos comerciais. Segundo Rubens Ricupero, secretário--geral da Conferência das Nações Unidas Sobre o Comércio e o Desenvolvimento (Unctad), dentre os resultados da Rodada do Uruguai, destacam-se:

> (...) 1. Redução substancial da média das tarifas industriais, proporcionalmente maior nos países em desenvolvimento;
> 2. incorporação da agricultura às disciplinas da OMC, mediante o acordo que iniciou sua gradual liberalização;
> 3. decisão de desmantelar progressivamente, até fins de 2005, o Arranjo de Multifibras, que regula as exportações têxteis dos países em desenvolvimento por meio de cotas discriminatórias;
> 4. extensão das regras comerciais aos serviços, mediante a assinatura do Acordo Geral Sobre Comércio de Serviços (GATS — General Agreement on Trade in Services);
> 5. vinculação da propriedade intelectual com o comércio, com base nos Aspectos do Direito de Propriedade Intelectual Relacionados ao Comércio (Acordo Trips — Trade Relates Aspects of Intellectual Property Rights) e nas medidas de investimentos;
> 6. aperfeiçoamento do sistema de solução e disputas.[76]

Dos itens citados anteriormente, lembramos que ao Acordo Trips já nos referimos no capítulo 8. Dos que restaram, interessa-nos, para os propósitos deste livro, o item 2, ou seja, o relativo à agricultura.

No processo em curso de liberalização comercial sem precedentes na história das relações internacionais, chama a atenção que as partes envolvidas sejam muito desiguais. Reúne tanto países avançados como o conjunto heterogêneo de países subdesenvolvidos, ou seja, economicamente em grau muito diferente de estrutura econômica, nível de produtividade, desenvolvimento científico e tecnológico e de competitividade comercial. Apesar de existir a OMC para nivelar as diferenças e impor — pelo menos teoricamente — tratamento igual ou regras iguais para todos, o que se vê na prática é a sobreposição dos interesses dos países ricos e

[76] Ricupero, Rubens. *A Alca*. São Paulo, Publifolha, 2003. p. 18.

particularmente de suas transnacionais. Por exemplo, na 3ª Conferência Ministerial da OMC, em 1999, em Seattle, nos Estados Unidos, os países ricos desejavam que o encontro terminasse com um acordo que contemplasse ainda mais a liberalização comercial. Aí estavam presentes, entre outros, *lobbies* poderosíssimos, como é o caso do *Transatlantic Business Dialogue*, constituído por diretores-presidentes de aproximadamente cem grandes conglomerados transnacionais da União Europeia e dos Estados Unidos, além da União de Confederações Industriais e Empregadores da Europa e de ONGs, representando tanto interesses empresariais como também aquelas que discordam e combatem os diversos acordos comerciais que estão sendo implementados no seio da OMC.

Em Seattle, o encontro foi bastante conturbado. Manifestações paralelas de ONGs (mais de 1,2 mil de cerca de cem países, envolvendo, segundo cálculos, aproximadamente 50 mil pessoas) protestaram contra a globalização e o modo como vem sendo tratada a liberalização comercial de maneira geral, e particularmente quanto ao Acordo Trips e o Acordo sobre Agricultura. Inclusive, questionaram a ação das transnacionais no processo de liberalização comercial e seus impactos na segurança alimentar. A mobilização foi de tal monta que a Conferência chegou a seu fim sem um único documento conclusivo. Foi um verdadeiro fracasso para os países desenvolvidos empenhados em novas conquistas de liberalização comercial. Para os subdesenvolvidos, representou uma trégua no processo de avanço da liberalização comercial, mas também a não resolução de vários impasses. Em Seattle, houve forte oposição dos países subdesenvolvidos à Política Agrícola Comum (PAC) da União Europeia e seus subsídios à exportação. Esclarecendo, a PAC nasceu em 1962, no âmbito do MCE ou da CEE. O investimento básico da PAC é o Fundo Europeu de Orientação e Garantia Agrícola (FEOGA), formado por cotas dos estados-membros. Ele é responsável pela subvenção aos agricultores. Na década de 1970, graças aos investimentos no setor agropecuário, a CEE tornou-se grande produtora de laticínio e cereais, passando a competir agressivamente no mercado mundial com tradicionais exportadores (Estados Unidos, Canadá e Austrália).

Quando o Acordo Sobre Agricultura foi introduzido no âmbito do GATT/OMC, no final da Rodada do Uruguai, no qual os países subdesenvolvidos tiveram modesta participação, foi estabelecido que os países-membros da OMC não podiam aumentar a sua proteção ao setor agrícola em níveis superiores aos que já existiam em 1993. Tanto a UE (União Europeia, que sucedeu a CEE e que entrou em vigor em 1º de janeiro de1993, com o *status* de União Econômica e Monetária) como os Estados Unidos foram amplamente beneficiados com essa resolução, pois, já antes dessa data, os subsídios por eles dados ao seu setor agrícola já eram elevados, situação que, de modo geral, não ocorria com os países subdesenvolvidos, e consequentemente reduzia o seu poder de competitividade no mercado internacional.

Para se ter uma ideia, o nível de subsídios à agricultura da UE e dos Estados Unidos atingem cifras impressionantes: em 1995, quando da transformação do GATT em OMC, foi de US$ 180 bilhões. Saltou para US$ 280 bilhões, em 1997; US$ 360 bilhões, em 2001. Cifras essas superiores ao PIB da maioria dos países do mundo.

Apesar das regras da OMC estabelecerem a diminuição dos subsídios à agricultura, o que ocorre, na realidade, é uma elevação destes, deixando claro que tanto a UE como os Estados Unidos pregam exaustivamente a liberalização comercial, mas na prática exercem o protecionismo. Em 2002, os Estados Unidos, ao aprovarem a sua nova lei agrícola, aumentaram os subsídios agrícolas domésticos em mais de dois terços em relação aos de 1996. Para o seu agricultor, isso é uma tremenda vantagem, pois, estando protegido pelos subsídios, continua ali produzindo, sem se preocupar com a superprodução e consequentemente com a queda dos preços no mercado internacional. Essa queda dos preços devida aos subsídios constitui grande problema, pois, se por um lado beneficia a curto prazo os países que são importadores líquidos de alimentos, por outro traz consequências nefastas para os agricultores dos países subdesenvolvidos. Não possuindo subsídios e consequentemente poder de competitividade, a sua renda diminui. E, em função disso, muitos agricultores são forçados a abandonar a sua atividade e a se deslocarem para as cidades onde passam a engrossar a massa dos desvalidos urbanos.

Como dissemos, se os alimentos a preço baixo beneficiam os países importadores a curto prazo, essa situação conduzirá implacavelmente ao agravamento da dependência de importação a médio e longo prazo, comprometendo tanto a segurança alimentar dos países subdesenvolvidos como também a sua agricultura de produtos alimentares, em vista do abandono do campo por muitos de seus agricultores. Mas quanto à agricultura comercial, ela tende a se ampliar, não só gerida pelas empresas nacionais, mas, sobretudo, pelas transnacionais, que, quando não avançam sobre as terras antes ocupadas por culturas alimentares, estimulam produtores locais a fazê-lo, garantindo, assim, o fornecimento de matérias-primas para os seus produtos enlatados e empacotados de consumo mundial. E a segurança alimentar? Essa preocupação não figura na pauta das transnacionais.

Citando novamente a Índia como exemplo, nesse país as terras ocupadas por cereais rústicos e leguminosas, alimentos básicos da população pobre, estão sendo substituídas por cultivo de flores destinadas ao mercado externo e outras, para produzir alimentos para cães e gatos. Tanto num como noutro caso, as transnacionais comandam a operação. As sementes de flores são fornecidas por empresas exportadoras da Holanda, que controlam o comércio mundial desse produto e uma empresa francesa de ração animal exporta os alimentos para cães e gatos. Tudo isso à custa da diminuição do plantio e da produção de alimentos básicos para a população. Não há, seguramente, nenhuma preocupação com a segurança alimentar e pior, isso é feito com o endosso do gover-no indiano, cuja meta é aumentar o valor de suas exportações.

A prática do *dumping* (venda de produtos a preços mais baixos que os custos, e cuja prática pode ter o objetivo de eliminar concorrentes e conquistar parcelas maiores do mercado) é sem dúvida um desastre. Imagine se os países que o praticam, no caso de produtos agrícolas, resolverem, de um momento para o outro, parar de fazê-lo, ou seja, interromper o abastecimento de alimento a baixo preço para os países dependentes da importação. Levando-se em conta que a agricultura de muitos países subdesenvolvidos encontra-se debilitada pela própria prática do *dumping*, depender de alimentação para a sua população nessas condições é um suicídio, e incompatível com um programa sólido de combate à fome ou de segurança alimentar. Isso contribuirá, sem dúvida, para aumentar a vulnerabilidade social e econômica desses países, à medida que se sabe que nas relações internacionais existem as condicionalidades impostas pelos mais fortes. Foi exatamente devido ao *dumping* que as populações da África Subsaariana se tornaram extremamente dependentes de alimentos produzidos pela União Europeia. Há cerca de quatro décadas, essa mancha brutal da fome no mundo produzia alimentos básicos para atender às suas populações, como já apontamos anteriormente; durante o período colonial, e mesmo após a independência formal, os seus países foram estimulados a substituir a agricultura de produtos alimentares pela agricultura comercial de exportação (algodão, amendoim etc.). Posteriormente, com a oferta de alimentos baratos pela CEE e depois pela UE, por meio do *dumping*, a agricultura de produtos alimentares regrediu ainda mais, conduzindo os países da África Subsaariana a uma situação crítica, ou seja, a sua segurança alimentar ficou "nas mãos" da União Europeia. Enquanto, por um lado, são exportadores de algodão e amendoim para abastecer as indústrias têxteis e de óleos vegetais da União Europeia, por outro, são dependentes da importação de alimentos.

O mesmo tem ocorrido com a carne bovina, frutas e legumes (principalmente o tomate) subsidiados pela União Europeia. A sua exportação para a África do Sul e para Namíbia causou impactos muito fortes sobre os produtos locais. As indústrias de enlatados ou de conservas desses países, diante da oferta desses produtos da União Europeia a preços mais baixos não tardaram em substituir os produtos nacionais pelos importados. Resultado: forte retração na produção local, perda de milhares de empregos, abandono da terra rural, ampliação da concentração da propriedade agrária, substituição da agricultura de alimentos pela comercial de exportação e aprofundamento da situação de dependência alimentar ao exterior.

Apesar do Acordo Sobre Agricultura da OMC condenar o *dumping* (o acordo *antidumping*), a sua prática, no entanto, por países desenvolvidos, exclui toda a possibilidade de competitividade comercial dos países da periferia. Falar, portanto, em livre-comércio, é um engodo.

Na 4ª Conferência Ministerial da OMC, na cidade de Doha, capital do Catar, em novembro de 2001, a questão do *dumping* praticado no comércio internacional levou o então ministro da agricultura e do abastecimento do Brasil, Marcos Vinicius Pratini de Moraes, a afirmar em seu discurso:

> Nós não podemos competir com os Tesouros de Washington e Bruxelas.[77]

Com essa declaração, fez uma nítida referência aos bilionários subsídios que os Estados Unidos e a União Europeia fornecem aos seus produtores rurais.

Também na Conferência de Doha, tentou-se esclarecer e aperfeiçoar, por pressão dos países subdesenvolvidos, as regras da OMC que tratam de medidas *antidumping*. Não só em relação à agricultura, mas também no que diz respeito aos demais produtos que fazem parte do comércio internacional, alertando que, quando os interesses de países desenvolvidos são contrariados, estes não se constrangem em lançar mão, abusivamente, do expediente *antidumping*, como meio de protecionismo comercial (protecionismo disfarçado) de setores ineficientes de suas economias como é o caso, por exemplo, dos cartéis do aço nos Estados Unidos.

Enquanto o muro de proteção que países desenvolvidos ergueram ao redor de seus agricultores beneficia-os amplamente, ao mesmo tempo penaliza gravemente países subdesenvolvidos e, acima de tudo, coloca em dúvida a eficácia da OMC, como organismo internacional multilateral para conduzir e disciplinar o comércio mundial em termos justos.

[77] *Folha de S. Paulo*, 11 nov. 2001. p. B5.

O ganhador do prêmio Nobel de Economia em 2001, o economista Joseph Stiglitz, em entrevista à *Folha de S.Paulo*, afirmou:

> (...) A liberalização comercial, principalmente o ciclo do Uruguai, foi planejada pelos países ocidentais para os países ocidentais, dando muito pouca atenção a suas consequências sobre os demais países. Assim eles conseguiram vantagens desproporcionais. E as regiões mais pobres do mundo, como a África, hoje estão piores devido aos efeitos do comércio. (...)
>
> (...) A liberalização comercial, repito, foi criada para os países ricos. A mistura das políticas de liberalização e das políticas econômicas restritivas impostas pelo FMI criou um coquetel de efeitos dramáticos para os países em desenvolvimento (...)[78]

[78] *Folha de S.Paulo*, 6 nov. 2001. p. B5.

11. Alimentação: fatores culturais e educacionais

Segundo a mitologia maia, o homem foi criado pelos seus deuses a partir da massa de milho (...) Cada grão de milho, cada pedaço de tortilha (panqueca de milho), cada gole de *atole* — a bebida tradicional feita com farinha de milho — é uma prova irrefutável de que a alimentação não é simplesmente um processo químico-biológico, mas também uma forma de comunicação direta com as forças sagradas.[79]

Além dos fatores de ordem político-econômicas, a existência da desnutrição ou fome envolve também fatores culturais. Podemos começar indagando: os hábitos alimentares das diversas comunidades e sociedades do mundo atendem plenamente às necessidades nutricionais?

Como se sabe, muitos desses hábitos são decorrentes não só do que o meio físico pode oferecer em termos de alimentos, mas também de criações culturais elaboradas pelas gerações que se sucedem no tempo.

Pesquisas realizadas por especialistas mostram que existem hábitos alimentares que não podem ser considerados adequados ou suficientes

[79] Petrich, Perla. "Homem de milho, homens de carne". *Correio da Unesco*, jul. 1987, ano 15, n. 7, p. 10.

para atender às necessidades biológicas do ser humano nem para a manutenção de sua saúde. Essas pesquisas mostram, ainda, que isso ocorre não apenas nas sociedades tradicionais, de hábitos alimentares já bem arraigados, mas também nas sociedades modernas, urbanizadas. Nestas, essa situação se processa nem tanto em decorrência da busca de serem mantidas vivas as tradições alimentares, mas, sobretudo, por causa da invasão cultural e da homogeneização de padrões culturais, processo que sofreu forte aceleração com a globalização dos costumes.

Os *fast-foods*, os alimentos congelados e empacotados etc. representam muito bem aspectos da cultura da vida urbana moderna, com todas as suas vantagens e desvantagens. Vantagem quanto à praticidade e desvantagem porque nem sempre a "cultura dos *fast-foods*", por exemplo, atende satisfatoriamente às necessidades nutricionais de quem os frequenta. Um exemplo é o aumento considerável de pessoas com sobrepeso/obesidade nos centros urbanos, que já se apresenta como um sério problema de saúde pública. Desse modo, não é apenas a falta de alimentos que compromete a saúde, mas também o "comer mal", em quantidade e qualidade, ou comer mais do que realmente se necessita. Esse traço do padrão alimentar atual, como já apontamos, tem forte componente cultural, derivado da globalização e da expansão das transnacionais de alimentos e de sua força persuasiva em alterar hábitos alimentares, como também do desejo do "colonizado" se identificar com o "colonizador".

Por outro lado, a crença generalizada de que as sociedades tradicionais possuem um padrão alimentar que atende plenamente suas necessidades não é justificada. Na África, por exemplo, por força da tradição e por facilidade de cultivo, muitas comunidades continuam plantando tubérculos (como a mandioca) em áreas onde o clima e o solo possibilitam o plantio de cereais com valor nutricional muito mais rico que a mandioca.

Persiste entre os povos descendentes dos indígenas, no México e na América Central, o costume de alimentar-se do milho, como uma forma não só de saciar a fome, mas também de comunhão com os deuses. O milho, para esses grupos, é o principal alimento, pois entendem que ele, além de alimentar o corpo, alimenta o espírito. Os demais alimentos disponíveis são consumidos apenas por prazer. Esse costume tem um referencial cultural muito significativo: segundo a crença dos antigos maias, os deuses criaram o ser humano a partir da massa de milho. Sendo para eles um alimento sagrado, justifica-se o hábito ainda existente em algumas de suas comunidades de jogar as cinzas de seus mortos entre os pés de milho. Entretanto, essa monotonia alimentar não atende às necessidades nutricionais, favorecendo a incidência de crianças com baixo peso ao nascer, taxas elevadas de mortalidade infantil, baixa esperança de vida média, vulnerabilidade a doenças etc.

Enfim, os erros alimentares decorrentes quer seja da permanência das tradições culturais ou da moderna sociedade urbana fazem também as suas vítimas. Causam desnutrição e sobrepeso/obesidade com todas as suas consequências para a saúde. Assim, os tabus, o desconhecimento ou a ignorância e a falta de educação nutricional mais ampla não podem ser negligenciados como corresponsáveis pela desnutrição e fome.

Em vista disso, organismos internacionais, como a Unesco, a FAO, a OMS e o Unicef vêm há tempos desenvolvendo, em escala mundial, trabalhos de esclarecimentos quanto aos bons hábitos alimentares. Para tanto, utilizam a grande força de penetração dos meios de comunicação, além dos programas de alfabetização de adultos, principalmente de mulheres, em razão do papel que estas desempenham nas sociedades tradicionais. Nelas, a educação nutricional encontrou um veículo rápido e eficaz de expansão. A elaboração de cartilhas para crianças e adultos, valorizando temas relativos aos alimentos, a introdução do ensino nutricional nos programas escolares, palestras ou seminários e muitas outras providências foram implantadas e desenvolvidas. Entretanto, são medidas pontuais, carecendo de maior abrangência. Sem, contudo, desconsiderar essas medidas, ao contrário, reconhecendo a importância dessa empreitada, não podemos também perder de vista que o acesso aos alimentos, nos dias atuais, não ocorre como ocorria no passado. Se antes muitas comunidades viviam num certo isolamento e desenvolviam uma agricultura de autossubsistência, já há tempos o avanço do capitalismo, a transnacionalização da agricultura e da indústria agroalimentar subverteram a organização da produção no campo. Os alimentos tornaram-se, então, mais uma mercadoria de compra e venda. E o seu acesso depende hoje, mais do que nunca, do dinheiro. Assim, muitas comunidades ou sociedades, mesmo que desejem alterar os seus hábitos alimentares, não o fazem por falta de recursos. A persistência, portanto, de padrões culturais alimentares insuficientes nutricionalmente não pode ser creditada apenas à herança cultural, devendo-se também, e, sobretudo, considerar a não inserção de comunidades ou segmentos das sociedades aos projetos de desenvolvimento social. Excluídos dos projetos de inclusão social, "defendem-se" como podem para alimentar-se. E, sem mudanças sociais, políticas e econômicas significativas em seus países, continuarão a praticar hábitos alimentares restritivos.

Entretanto, essas considerações não invalidam a necessidade de se implantar programas de educação alimentar e que neles estejam também incluídos temas referentes ao aproveitamento integral dos alimentos disponíveis. Isso não diz respeito apenas às camadas da população menos favorecidas economicamente, mas também àquelas com renda mais do que suficiente para comprar alimentos e que não sabem comer bem ou comem mal — hábitos errados em quantidade e/ou qualidade. Desse modo, mesmo considerando que o alimento seja escasso para muitas famílias e abundante para outras, nada justifica o desperdício e o desconhecimento de seu integral aproveitamento. Explicando: por que aproveitar como alimento apenas a parte tuberosa de cenoura e jogar fora sua folhagem, se esta possui valor nutricional, podendo se converter em prato saboroso, dependendo de seu preparo? O mesmo se pode dizer em relação à beterraba, à couve-flor ou ao brócolis, dos quais é comum aproveitar-se apenas uma parte. Dessa maneira, toneladas de alimentos são jogadas fora, quando poderiam ser aproveitadas integralmente na alimentação diária, o que representaria uma melhoria na qualidade nutricional e uma economia no orçamento.

Pesquisas estão sendo realizadas por especialistas em nutrição com o objetivo de se descobrir a utilização culinária de cascas e bagaços, como é o caso da casca de banana, alimento tão rico e que não é aproveitado, principalmente no Brasil, um dos maiores produtores de banana do mundo, que desperdiça grande parte de sua produção.

Se desenvolvermos, de início, a "cultura" ou a consciência social ecológica de que os alimentos fazem parte do conjunto dos recursos naturais que a Terra nos oferece — como o solo, a água das nascentes, dos rios, lagos, mares, o clima, os minerais etc. —, estaremos dando um grande passo não só na educação ambiental, mas também na educação alimentar, pois, como se sabe, existe na natureza uma interdependência entre todos os seus elementos, incluindo a produção agrícola. A agressão ou modificação de um deles pela ação antrópica implica necessariamente a alteração do conjunto, com consequências graves para a própria existência humana. Se compreendermos também que o uso dos alimentos deve ser parcimonioso, ou seja, deve ser feito de forma cuidadosa e econômica e, portanto, sem esbanjamento — o consumo consciente ou ético, a que nos referimos anteriormente — estaremos contribuindo para a nossa própria segurança alimentar e para a melhoria do quadro nutricional geral.

José Eduardo Dutra de Oliveira, médico, ex-professor da Faculdade de Medicina de Ribeirão Preto, especialista em Alimentação e Nutrição e com larga experiência nessa área científica, diz:

> (...) É preciso assinalar que a orientação e educação alimentar são aspectos mais importantes do setor e dos mais negligenciados. Existe uma ignorância generalizada sobre o assunto em todos os níveis sociais. (...)[80]

Esse mesmo professor, em uma entrevista dada à *Revista Gutenberg*, de Ribeirão Preto, em julho de 2003, entre outros assuntos, ressalta a importância que deve ser dada às campanhas pela boa alimentação, pois

[80] Oliveira, José Eduardo Dutra de. Segurança pública alimentar — o direito de comer, in Takagi,Maya,Silva, José Graziano da e Belik, Walter (orgs.), *Combate à fome e à pobreza rural*, São Paulo, Instituto Cidadania, 2002, p. 157.

"os distúrbios provenientes da alimentação afetam quem não está comendo e quem está comendo e não sabe comer". Vai mais longe, propondo que se implante uma Unidade Básica de Agricultura e Alimentação, a exemplo da Unidade Básica de Saúde, com o objetivo de dotar esse setor de estrutura fixa e de orientar e informar a população sobre as questões que envolvem a boa alimentação, o aproveitamento integral dos produtos, o que se deve comer, como preparar os alimentos, as consequências do comer muito, qualidade dos alimentos etc., enfim, uma proposta de reeducação alimentar. Tal proposta, uma vez implementada, deverá alterar hábitos alimentares errados, além de levar a população a conhecer e a aproveitar mais apropriadamente os alimentos e evitar o seu desperdício ou esbanjamento. São ações locais, mas que, somadas a outras mais amplas de mudanças socioeconômicas estruturais, surgem como possibilidades de alterar-se o quadro da má alimentação e também da desnutrição ou fome que assola o Brasil e outros países da periferia.

12. Combate à fome no Brasil: o Projeto Fome Zero

(...) A TAREFA DE FAZER UM PAÍS NÃO TERMINA COM A ERRADICAÇÃO DA POBREZA, MAS SE INICIA NECESSARIAMENTE POR ELA. E O PRIMEIRO PASSO DEVE SER NECESSARIAMENTE O PRIMEIRO PASSO. TALVEZ ESTE TENHA SIDO NOSSO MAIOR ERRO: QUERER DAR OS PASSOS SEGUINTES ANTES DE DAR OS PRIMEIROS (...). [81]

Antecedentes

A fome ou desnutrição é uma antiga companheira indesejável de par-celas expressivas da população brasileira. A implantação do projeto colonial português — a colonização de exploração — que teve por base explorar tudo que a terra e a sua gente pudesse fornecer para o enriquecimento da metrópole teve um peso considerável na organização da produção agrícola. Esta assentou-se, desde o início, como vimos no capítulo 4, nas grandes unidades produtoras, voltadas, fundamentalmente,

[81] Buarque, Cristovam. *A segunda abolição*: um manifesto-proposta para a erradicação da pobreza no Brasil, São Paulo, Paz e Terra, 1999, p. 132.

para abastecer o mercado externo, em detrimento daquelas dirigidas para o mercado interno. Assim, desde o início do período colonial, com uma produção agrícola extrovertida, o Brasil passou a conhecer crises de subsistência. A primeira delas ocorreu durante o período da agroindústria canavieira no século XVIII. A preocupação em se obter lucros crescentes com a atividade açucareira era tanta, que se desprezavam as lavouras de subsistência. Chegou-se a uma situação tal que a metrópole portuguesa teve que interferir por meio de uma legislação, obrigando que os senhores de engenho ampliassem as áreas destinadas ao plantio de gêneros alimentares, sobretudo para atender às necessidades da população escrava.

Como já citamos anteriormente, a agricultura de produtos alimentares sempre foi considerada, não só durante o período colonial, mas também durante o longo período de "reinado" da cafeicultura, entre a primeira metade do século XIX até aproximadamente 1930, um verdadeiro apêndice da grande lavoura comercial de exportação. Desse modo, no decorrer de todo esse tempo, a causa da fome ou desnutrição esteve mais relacionada ao problema da insuficiência da oferta de produtos alimentares do que da renda da população. A escassez de oferta impelia os preços dos alimentos a se elevarem de tal forma que, nos primeiros anos do século XX, as passeatas de protestos contra a carestia se multiplicaram em várias cidades brasileiras. Durante a Primeira Guerra Mundial, o pouco que produzíamos era em larga medida exportada para atender às necessidades dos países envolvidos no conflito. Assim, o encarecimento de gêneros alimentícios serviu de estopim para a deflagração da primeira greve geral operária do Brasil, em 1917, na cidade de São Paulo. O movimento grevista, além de reivindicar a queda dos preços, propunha a criação de um conselho de alimentação administrado por associações populares. A resposta do governo federal foi criar o Comissariado de Alimentação Pública, tentando redirecionar as políticas de abastecimento.

No período compreendido entre 1910 e 2000, vários movimentos sociais eclodiram em nosso país em protesto contra a fome e a carestia.

Com base no trabalho da Profª Maria da Glória Gohn[82], podemos listar esses movimentos, com o intuito de mostrar que essa é uma questão antiga na sociedade brasileira:

• em 1913, estima-se que mais de 10 mil pessoas participaram de um comício contra a carestia no Rio de Janeiro;

• em 1914, na cidade de São Paulo, organizou-se um Comitê Proletário de Defesa Popular de Luta Contra a Carestia;

• em 1916, também na cidade de São Paulo, houve um grande comício em praça pública contra o alto custo de vida;

• em 1918, na cidade do Rio de Janeiro, organizou-se o Comitê de Combate à Fome;

• em 1924, lideranças sindicalistas enviaram uma moção de operários ao Comitê das Forças Revolucionárias, da Revolta Paulista dos Tenentes, reivindicando o estabelecimento de uma tabela de preços máximos para os produtos de primeira necessidade;

• em 1931, o Partido Comunista do Brasil organizou a Marcha da Fome em várias cidades brasileiras; a polícia impediu a marcha no Rio de Janeiro; em São Paulo, manifestantes foram presos e, em Santos, ocorreu confrontação armada;

• em 1946, depois da redemocratização do país, com o fim da ditadura de Vargas, foi lançada uma campanha de âmbito nacional, Campanha Popular Contra a Fome; esta se caracterizou pela criação de uma Banca de Queixas, com o fim de receber denúncias contra comerciantes que abusavam dos preços;

• em 1953, o Movimento de Luta Contra a Carestia promoveu uma manifestação em São Paulo, que reuniu cerca de 500 mil pessoas na Passeata da Panela Vazia;

• em 7 de agosto de 1963, eleito como o Dia Nacional de Protesto Contra a Carestia, ocorreram manifestações em várias cidades do Brasil;

• em 1973, foi criado em São Paulo o Movimento do Custo de

82 Gohn, Maria da Glória. *Os sem-terra, ONGs e cidadania:* a sociedade civil brasileira na era da globalização. São Paulo, Cortez, 1997.

Vida, pela ala progressista da Igreja Católica; apesar do regime autoritário vigente, esse movimento realizou protestos;

• nos anos de 1980, o Movimento Contra a Carestia, nascido do Movimento do Custo de Vida, realizou congressos nacionais; entretanto, a mobilização da sociedade brasileira em torno da redemocratização do Brasil e da Constituinte concentrou as atenções da população, enfraquecendo o movimento; mas a questão da fome não desapareceu do cenário brasileiro nesse período, tornou-se mais pontual e associado ao movimento dos desempregados e à ocorrência de saques a supermercados, principalmente nos anos de 1983-84, com a economia nacional em plena recessão.

Todos os movimentos listados, se não repercutiram de imediato no combate à carestia e à fome, mostraram, pelo menos, aos governantes ou ao Estado, que estes não podiam ficar indiferentes ou apáticos diante de tão delicada questão. No decorrer desse grande período — 1910-88 — várias iniciativas governamentais foram implementadas. Vários órgãos foram criados e extintos dentro das políticas públicas sociais de abastecimento popular. Não focavam exatamente o combate à fome de uma forma ampla. Eram iniciativas mais voltadas para a problemática do abastecimento, distribuição de alimentos e regulação de seus preços.

Em 1951, por exemplo, foi criada, no governo Getúlio Vargas, a Comissão Federal de Abastecimento e Preços (Cofap). A criação dessa instituição e sua ação abriram caminho para a implantação de outras. No governo João Goulart (1961-64), surgiram a Companhia Brasileira de Alimentos (Cobal), empresa estatal com o propósito de assegurar o abastecimento de gêneros alimentícios, regular o mercado, inibir a especulação e atendera áreas do país onde a comercialização se mostrava deficiente; a Companhia Brasileira de Armazéns (Cibrazen), cujo objetivo era o armazenamento de produtos agrícolas; a Superintendência Nacional de Abastecimento (Sunab), como órgão fiscalizador; além da criação do EntrepostoTerminal de São Paulo, transformado, na década de 1970, em Ceagesp (Companhia de Entrepostos e Armazéns Gerais de São Paulo) e Centrais de Abastecimento (Ceasa), em várias cidades brasileiras, juntamente com o INAN (Instituto Nacional de Alimentação e Nutrição).

No período dos governos militares (1964-85), a preocupação com a distribuição de alimentos e o controle de seus preços para o consumidor prosseguiu. Institui-se uma extensa rede de centrais de abastecimento ou entrepostos de comercialização, instalações varejistas (Rede Somar), varejões e sacolões por todo o país. Para tanto, a administração pública colocava à disposição os locais, ou seja, as instalações de mercados municipais ou outras edificações, para que os produtos chegassem mais facilmente aos consumidores. Porém esses programas infelizmente foram mal administrados. Ou ainda, em vista da dimensão do problema foram escassos os investimentos destinados para sua consecução, além do que, muitas vezes, os programas estavam submetidos ou vinculados a interesses políticos, deixando assim de atingir os propósitos para os quais haviam sido criados.

Data também do período militar, mas principalmente a partir de 1979, no governo do presidente João Baptista Figueiredo, o maior estímulo à agricultura. Por meio de créditos agrícolas subsidiados, a agricultura apresentou grande expansão e a fronteira agrícola foi amplamente alargada. Para escoar a produção, foram construídas estradas e corredores de exportação. O governo federal via no aumento das exportações agrícolas a possibilidade de conseguir os dólares de que tanto o país necessitava. Consequentemente, reproduzia-se o padrão tradicional da agricultura brasileira, ou seja, uma atividade voltada para o mercado externo. A expansão do cultivo de soja, laranja e cana-de-açúcar superaram de longe a expansão do cultivo de produtos alimentares (arroz, feijão, mandioca etc.), como já vimos, também, no capítulo 4. Para estimular a produção dos gêneros exportáveis, além do crédito subsidiado, o governo federal veiculava nos meios de comunicação *slogans*, entre eles: "Plante que o João garante".

A safra de 1980, que totalizou mais de 50 milhões de toneladas de grãos, fora até então a maior da história do país (apenas para comparação, a safra de 2003 atingiu 124 milhões de toneladas). Ao lado da expansão significativa dos produtos agrícolas destinados à exportação e da cana-de-açúcar, para atender não só às exportações, mas também para a produção de álcool destinado a abastecer os veículos automotores, as culturas de produtos alimentares também se expandiram. Entretanto, o seu crescimento foi muito menor que o apresentado pela soja e milho. Entre 1975 e 1999, para se ter uma ideia, enquanto a produção de soja aumentou em média 4,9% por ano, a produção de arroz aumentou 1,7%, a de feijão, 1,3% e a de trigo, 1,5%. Em 1999, a produção total de grãos (soja, arroz, feijão, milho e trigo) foi de 85,66 milhões de toneladas; no entanto, 80% dessa produção correspondeu a apenas duas culturas, soja e milho; a de arroz foi de 14,0%, a de feijão, 3,7% a de trigo, 2,3% [83].Apesar da expansão da área de cultivo e principalmente do aumento significativo da produtividade das lavouras, o Brasil continuou na condição de país importador de alimentos, principalmente arroz, feijão e trigo.

Apesar de todo o conjunto de providências tomadas pelos governos, entre 1950 e 1990, em dotar o país de armazéns para estocagem de produtos agrícolas, assegurar o abastecimento, tentar inibir a especulação, criar órgãos fiscalizadores, implantar centrais de abastecimento, varejões, sacolões etc., elas se mostraram ineficazes, não só para o controle dos preços dos alimentos, como também para combater a fome ou desnutrição. Aliás, não havia, na verdade, essa última intenção nas iniciativas governamentais. Com exceção de providências pontuais e assistencialistas realizadas por entidades filantrópicas, instituições religiosas, prefeituras etc. — é o caso da merenda escolar instituída pelo governo Vargas, em 1953 — além do socorro emergencial de distribuição de cestas de alimentos aos flagelados pela seca do Nordeste, não havia um programa específico, de âmbito nacional, dirigido ao combate à fome.

Para agravar ainda mais a situação, a urbanização crescente nesse período, a mudança de hábitos alimentares e a expansão da indústria alimentícia, inflacionando os preços dos produtos *in natura*, tornaram mais difícil à população de baixa renda o acesso aos alimentos.

83 Dados extraídos do *site* da Embrapa (Empresa Brasileira de Pesquisa Agropecuária): www.embrapa.br.

No governo José Sarney, em 1986, foi criado o Programa Nacional do Leite para Crianças Carentes (PNLCC). Lançado de início nas capitais do Nordeste e depois ampliado para outras capitais, tinha como meta atingir 10 milhões de crianças de até 7 anos de idade, de famílias cadastradas com renda mensal de até dois salários mínimos. Foi a primeira experiência no Brasil de distribuição em larga escala de cupons de alimentação (ficaram conhecidos como "tíquetes do Sarney"). O PNLCC não exigia nenhuma contrapartida das famílias cadastradas, era um programa apenas assistencialista. É também do governo Sarney a implantação do Plano Cruzado, seguido do Plano Bresser (1987) e do Plano Verão (1989). Combinando austeridade fiscal e monetária, o governo congelou preços e salários, extinguiu a correção monetária e criou o seguro-desemprego. Para combater os preços abusivos, o governo desencadeou uma fiscalização acirrada. Para tanto, não só o quadro de fiscais do governo é chamado para desencadear a ação, mas também a população, de um modo geral, transformada, na época, em "fiscais do Sarney". Entretanto, a inflação, situada em patamares elevados, e a incapacidade do Brasil em pagar os seus compromissos externos levaram o governo a pedir moratória de sua dívida externa. Os preços dos alimentos, que se encontravam elevados, dispararam ainda mais, penalizando, principalmente, a população de baixa renda.

Vê-se assim que, até 1990, início do governo Collor, não houve preocupação dos governos brasileiros em abraçar um projeto ou programa de combate à fome no Brasil. As ações ficaram restritas a questões de armazenamento e distribuição de produtos alimentares, tentativas de regulação de preços, doação de cestas de alimentos, em casos de calamidade pública etc.

A Ação da Cidadania contra a Miséria e pela Vida

Em 1991, o candidato à presidência da República, Luís Inácio Lula da Silva, derrotado na eleição de 1989, por Fernando Collor de Melo, solicitou ao Instituto Cidadania um estudo ou proposta de segurança alimentar e nutricional para o Brasil. A coordenação coube a José Gomes da Silva[84] (pai de José Graziano da Silva, primeiro-ministro do MESA — Ministério Extraordinário de Segurança Alimentar e Combate à Fome, no governo Luís Inácio Lula da Silva), que produziu o documento Política Nacional de Segurança Alimentar.

Com o *impeachment* de Collor — o grande engodo da política brasileira —, em 1992, assumiu o vice-presidente Itamar Franco. O governo paralelo do PT (Partido dos Trabalhadores), percebendo condições políticas favoráveis, apresentou ao presidente, em 1993, a sua proposta de segurança alimentar. Esse documento propunha um conjunto de estratégias de combate à miséria e à fome no Brasil, sugerindo que tal empreitada deveria ficar ligada diretamente à presidência da República. O presidente Itamar Franco encampou a ideia e solicitou que o sociólogo Herbert de Souza, o Betinho, coordenasse o programa de combate à fome. Este, por sua vez, pediu a colaboração de Dom Mauro Morelli, bispo de Duque de Caxias, Rio de Janeiro, religioso que sempre se destacou por suas ações sociais e posturas políticas progressistas.

O MEP (Movimento pela Ética na Política), criado em junho de 1992, que desempenhou papel relevante no processo de *impeachment* de Collor, logo aderiu aos propósitos desse grande projeto. Em 1993, em Brasília, foi fundada a ACCMV (Ação da Cidadania Contra a Miséria e pela Vida). Foi redigido o documento Carta da Ação da Cidadania: Democracia e Miséria não são Compatíveis, com o apoio de várias organizações (OAB — Ordem dos Advogados do Brasil; CNBB — Conferência Nacional dos Bispos do Brasil; CUT — Central Única dos Trabalhadores; Cofecon — Conselho Federal de Economia; Inesc — Instituto de Estudos Sócio-Econômicos etc.), para esclarecimento da opinião pública e para anunciar o apoio do governo federal ao combate à miséria e à fome.

[84] José Gomes da Silva, engenheiro agrônomo, doutor em agronomia pela Universidade de São Paulo, consultor da OEA, com larga experiência na questão agrária. Participou do Plano de Revisão Agrária do Estado de São Paulo, grupo de trabalho que elaborou o Estatuto da Terra. Foi presidente do SUPRA — Superintendência da Política Agrária do Incra, fundador da ABRA (Associação Brasileira da Reforma Agrária), secretário de agricultura do Estado de São Paulo, no governo Franco Montoro (1982-85), implantou o Instituto de Assuntos Fundiários. Publicou vários estudos sobre a questão agrária.

Nesse mesmo ano, o IPEA (Instituto de Pesquisa Econômica Aplicada), subordinado ao Ministério do Planejamento, concluía o trabalho Mapa da Fome. Coordenado por Anna Maria Peliano, esse trabalho mostrou que o Brasil possuía 32 milhões de pessoas vivendo como indigentes, na pobreza absoluta e, portanto, em situação de fome[85]. Fato vergonhoso para um país que, na época, se colocava entre os dez de maior PIB do mundo.

Em seguida, o governo federal, em parceria com a ACCMV, criou o Consea (Conselho de Segurança Alimentar), fazendo parte deste oito ministros de Estado e 21 representantes da sociedade civil. Pela primeira vez na nossa história, formou-se um verdadeiro mutirão ou grande parceria entre o governo federal e organizações da sociedade civil, voltadas para a massa dos despossuídos da população brasileira.

O Consea, tendo por base o Plano de Combate à Fome e à Miséria, elaborado pelo IPEA[86], estabeleceu como prioridade: "a geração de emprego e renda; a democratização da terra e o assentamento de produtores rurais; o combate à desnutrição materno-infantil; o fortalecimento, ampliação e descentralização do Programa Nacional de Alimentação Escolar; a continuidade da utilização de estoques públicos para programas de alimentação social (Prodea — Programa de Distribuição Emergencial de Alimentos); e a revisão do PAT (Programa de Alimentação do Trabalhador)"[87].

O primeiro Comitê da Ação da Cidadania Contra a Miséria e pela Vida (ACCMV) foi fundado em Barra do Piraí, no Rio de Janeiro. Várias entidades desse município aderiram prontamente à luta contra a fome e a miséria (bancos, sindicatos, associações comerciais, centros espíritas, igrejas etc.). Em seguida, os comitês se multiplicaram pelo Brasil, contando com a adesão de artistas, meios de comunicação, intelectuais, sindicatos, empresas e

85 Peliano, Anna Maria (coord.). *O mapa da fome*: Subsídios à formulação de uma política de segurança alimentar, n. 14, IPEA, Brasil, 1993 e Peliano, Anna Maria (coord.). *O mapa da fome*: Indicadores sobre a indigência no Brasil (classificação absoluta e relativa por municípios), n. 17, IPEA, Brasília, 1993.

86 Peliano, Anna Maria (coord.). *Plano de combate à fome e à miséria, princípios, prioridades e mapas das ações do governo*. IPEA, Brasília, 1993.

87 *Projeto Fome Zero*: uma proposta de política de segurança alimentar para o Brasil. Instituto Cidadania. Fundação Djalma Guimarães, São Paulo, 2001, p.23.

da população em geral. O perfil não político partidário e a liderança exercida por Betinho deu grande credibilidade à campanha. A arrecadação de alimentos em todos os cantos do Brasil e sua distribuição à população carente foi feita de forma eficiente graças à adesão maciça de empresas de transporte e da organização dos comitês.

Na sua segunda fase, a campanha, refutando as teses assistencialistas de que era acusada, colocou em discussão a questão do desemprego. Betinho reuniu-se com vários secretários do trabalho para discutir a geração de empregos. No início de 1995, introduziu na sua agenda a reforma agrária, quando, então, lançou a Carta da Terra.

Com a eleição de Fernando Henrique Cardoso para a presidência da República, em 1995, a ACCMV, ou a Campanha do Betinho, como ficou conhecida, arrefeceu. Entretanto, tinha deixado, de forma clara, a possibilidade organizatória da sociedade brasileira e seu sentimento de solidariedade. Betinho e seus companheiros, que dirigiram a campanha, sabiam que as ações empreendidas não iriam resolver a questão da miséria e da fome. Mas, em contrapartida, sabiam que era preciso denunciar a situação em que viviam milhões de brasileiros, lançando um grito de "Acorda, Brasil!". Os objetivos foram efetivamente alcançados pois, após a fundação do Consea e da ACCMV, a questão da fome e da miséria passou a receber um novo tratamento, tanto em termos governamentais como empresariais e da sociedade brasileira como um todo. Deixou como resultado:

• a inclusão da segurança alimentar na agenda política brasileira, consolidada com a realização da Primeira Conferência Nacional de Segurança Alimentar, em julho de 1994;

• inaugurou uma nova maneira de governar, por meio de uma nova prática e cultura de gestão compartilhada, tendo como atores integrados a presidência da República, ministérios e sociedade civil (empresas, sindicatos, associações de bairros, ONGs, igrejas etc.);

• apontou os pontos de estrangulamento que freiam o desenvolvimento social brasileiro e que são, até mesmo, responsáveis pela miséria e pela fome, como é o caso da concentração de renda e da terra e o próprio modelo de desenvolvimento, calcado na modernização conservadora e excludente.

Em 1995, o novo governo empossado — Fernando Henrique Cardoso — extinguiu o Consea. Em seu lugar, criou o Conselho de Comunidade Solidária, tendo como presidente a primeira-dama Ruth Cardoso. Esse conselho governamental revestiu-se do caráter consultivo, dirigindo-se mais às questões de exclusão econômica e social e se distanciando do problema da segurança alimentar. Entretanto, outros programas sociais levados adiante na gestão do presidente Fernando Henrique Cardoso tiveram sucesso. É o caso do PETI, Programa de Erradicação do Trabalho Infantil, implantado no final de seu governo, com o objetivo de alterar a situação de milhares de crianças que tinham abandonado a escola e abraçado o trabalho, muitas vezes insalubres, para engrossar o minguado orçamento familiar. O Bolsa-Escola, que destinava 15 reais por mês e por criança para famílias com renda de até meio salário mínimo por pessoa. O Auxílio-Gás, o Bolsa-Alimentação e outros faziam parte do Comunidade Solidária, vinculados aos Ministérios governamentais.

Os programas públicos sociais no Brasil raramente são levados a sério, ou melhor, priorizados. Em vista das "permanentes" dificuldades financeiras do país, são eles os primeiros a sofrer cortes orçamentários ou, até mesmo, não ter o seu orçamento integralizado. Assim, muita coisa deixa de ser realizada na área social, comprometendo as condições de vida de milhões de brasileiros.

Segundo o Inesc (Instituto de Estudos Socioeconômicos), uma ONG que se dedica ao acompanhamento da execução do Orçamento Federal,

> de 1995 a 1998, por exemplo, houve uma redução de 31% nos gastos sociais, devido a cortes, e um aumento de 336,9% nos recursos alocados para pagamento da dívida pública, o que espelha bem a opção política do Governo Federal em seu primeiro mandato.[88]

[88] *Projeto Fome Zero*: uma proposta de política de segurança alimentar para o Brasil, cit., p. 26.

O Fome Zero

Durante a campanha eleitoral de 2002 para a presidência da República, o Partido dos Trabalhadores voltou a incluir na sua plataforma o seu antigo propósito: o combate à fome e à miséria (a segurança alimentar esteve presente nas três últimas campanhas presidenciais em que Lula disputou, a de 1994, 1998 e 2002; não figurou na de 1989).

O candidato do PT, Luís Inácio Lula da Silva, reiterava em suas declarações públicas que "cada brasileiro precisa ter três refeições por dia". No primeiro pronunciamento como presidente eleito, em 28 de outubro de 2002, reafirmou: "(...) Se ao final de meu mandato, cada brasileiro puder se alimentar três vezes ao dia, terei realizado a missão da minha vida."[89]

O Projeto Fome Zero foi elaborado por uma equipe coordenada por José Graziano da Silva, que já citamos anteriormente. A fome passou, então, a ser tratada em âmbito ministerial e como questão política.

Chama a atenção, logo de início, o aposto ou complemento incluído na denominação do Projeto Fome Zero, ou seja, uma Proposta de Segurança Alimentar para o Brasil. Ao ler o Projeto, verifica-se que esse aposto se justifica, pois a proposta nele contida não está dirigida apenas para o combate à fome ou desnutrição por meio do expediente assistencialista. Ao envolver a questão da segurança alimentar, e esta sendo entendida, segundo a FAO, como "uma situação na qual todas as pessoas, durante todo o tempo, tenham acesso físico, social e econômico a uma alimentação suficiente, segura e nutritiva que atenda as suas necessidades dietárias e preferências alimentares para uma vida ativa e saudável", está, na verdade, considerando que a população, que padece com fome ou desnutrição, consiga atingir uma "situação" de autossuficiência para

[89] Compromisso com a Mudança, primeiro pronunciamento de Luís Inácio Lula da Silva como presidente eleito da República Federativa do Brasil, proferido na tarde de 28 de outubro de 2003, no hotel Intercontinental, centro de São Paulo (SP), Diretório Nacional do Partido dos Trabalhadores, 2002, São Paulo.

o acesso aos alimentos. A proposta é, portanto, abrangente. Não se resume em "dar" ou "fornecer" o alimento a quem precisa, de forma permanente. Propõe criar as condições para que a população tenha acesso aos alimentos por conta própria, pois de nada adianta haver a sua disponibilidade, se parte do contingente populacional não tem renda pra adquiri-los.

A noção, portanto, de segurança alimentar implica necessariamente agir nas causas da fome e da pobreza. O próprio Hebert de Souza chamava a atenção para esse fato, dizendo: "atuar no emergencial sem considerar o estrutural é contribuir para perpetuar a miséria."[90]

Resumidamente, o Projeto Fome Zero engloba políticas estruturais e políticas emergenciais.

As políticas estruturais compreendem a geração de emprego e renda, previdência social universal, incentivo à agricultura familiar, reforma agrária, o Bolsa-Escola e renda mínima (mas com a condição de as famílias beneficiárias manterem seus filhos frequentando a escola) e segurança e qualidade de alimentos.

O próprio Projeto Fome Zero sinaliza que as políticas estruturais somente poderão ser implantadas se houver a adoção de um novo modelo econômico que gere crescimento e que priorize o mercado interno, ou seja, que o Brasil se volte também para si mesmo, por meio da elevação da renda de sua população, principalmente daqueles que estão à margem do processo de produção e consumo de bens fundamentais, como é o caso, por exemplo, dos alimentos. Essa inserção conduzirá a uma maior dinamização tanto da economia local como nacional, atendendo à própria lógica do capitalismo.

As políticas emergenciais, segundo o Projeto Fome Zero, devem ser implementadas, pois, como também alertava Betinho, "a fome não pode esperar". Paralelamente, portanto, às ações estruturais, o Fome Zero propõe ações emergenciais, compreendendo políticas locais, ou seja, implantadas por prefeituras e pela sociedade civil organizada (restaurantes populares, bancos de alimentos, sacolões, cozinhas comunitárias etc.) e políticas específicas: cartão-alimentação, doações de cestas

[90] *Projeto Fome Zero*: uma proposta de política de segurança alimentar para o Brasil, cit., p. 84.

básicas emergenciais, inclusive para os assentamentos rurais, aldeias indígenas e remanescentes quilombolas, ampliação do PAT, ampliação da merenda escolar, educação para o consumo e educação alimentar, combate à desnutrição infantil e materna, manutenção de estoques de segurança e segurança e qualidades dos alimentos.

É um programa bastante amplo, que exige uma eficiente coordenação. Lançado oficialmente em 30 de janeiro de 2003, o MESA iniciou o programa em dois municípios do Estado do Piauí: Guaribas e Acauã, possuidoras de baixo IDH e em situações de emergência.

EVELSON DE FREITAS/AE

Mulher carregando lata de água na cabeça, seis meses após o lançamento do Projeto Fome Zero. A água foi canalizada de um olho de água na serra até a cidade, diminuindo a distância a ser percorrida a pé. Guariba, PI, setembro de 2003.

O governo sabe que o Projeto Fome Zero é uma empreitada gigantesca. Não só quanto ao propósito de promover a inclusão social, debelar a fome ou desnutrição, mas também quanto a dotar o país de um novo modelo econômico e, sobretudo, do enfrentamento da questão agrária, urbana e do desemprego. Diante disso, o governo reconhece a necessidade de participação efetiva da sociedade civil para o seu sucesso. Empresas de grande, médio e pequeno porte, igrejas, sindicatos, ONGs, associações profissionais de diversas origens etc. têm aderido ao projeto. Houve a sensibilização da sociedade como um todo frente ao grande problema.

O programa recebeu também muitas críticas, principalmente quanto ao chamado cartão-alimentação.

Segundo os executores do Projeto Fome Zero, o cartão-alimentação é uma experiência bem-sucedida e já consolidada em outros países. Nos Estados Unidos, por exemplo, os cupons-alimentação (*Food Stamp Program*) foram introduzidos nos anos 1930, durante a Grande Depressão[91]. É importante compreender que foram instituídos não só para socorrer aqueles que não tinham possibilidade de compra de alimento. Objetivava-se, também, dinamizar as economias locais e consequentemente regionais e nacionais. A ideia é de que, possuindo renda para adquirir os alimentos, o portador do cartão-alimentação estará estimulando a produção local que, estimulada, irá gerar empregos que acabarão se desdobrando para outras atividades econômicas, além de aumentar a arrecadação de impostos.

No início da implantação do Projeto Fome Zero, as famílias beneficiárias recebiam um Cartão-Alimentação que lhes possibilitava retirar todo mês, na Caixa Econômica Federal, a importância de R$ 50,00. De posse desse recurso, podiam comprar os alimentos, no seu próprio município, excetuando-se fumo, bebidas alcoólicas e refrigerantes. Essa estratégia difere da doação de cestas básicas de alimentos, pois neste caso as cestas já saem montadas de um lugar ou cidade, para socorrer populações em risco de outros municípios ou regiões, sem contudo dinamizar a economia local. Já com o Cartão-Alimentação a economia local é dinamizada. A família cadastrada no Fome Zero, além do recebimento do Cartão-Alimentação, se compromete a participar das políticas públicas, que têm por objetivo tirá-la da exclusão social: cursos de alfabetização, hortas domésticas e

91 Ver Bickel, Gary W. e Andrews, Margaret S. *A evolução do Programa de Cupom Alimentação e a mensuração da fome nos Estados Unidos*, em Tagaki, Maya, Silva, José Graziano da, Belik, Walter. *Combate à Fome e à Pobreza Rural*. São Paulo, Instituto Cidadania, 2002. p. 33.

comunitárias, formação de cooperativas, frequência a postos de saúde, microcrédito, construção de moradia e cisterna de captação de água da chuva (no caso do semiárido) etc.

Em outubro de 2003, o Projeto Fome Zero entrou numa nova fase. O governo federal decidiu unificar quatro programas de transferência de renda anteriormente existentes e administrados por vários ministérios (Educação, Saúde, Minas e Energia, Assistência Social e MESA), criando então o Bolsa-Família. Ficaram, dessa forma, sob gestão do MESA, o Auxílio-Gás (último programa criado pelo governo Fernando Henrique Cardoso), o Bolsa-Escola, o Bolsa-Alimentação e o Cartão-Alimentação (introduzido, como já citamos, pelo Projeto Fome Zero, em sua fase inicial).

A argumentação para a unificação dos programas reside na facilitação de sua operacionalidade, na criação de um cadastro único das famílias em situação de vulnerabilidade, ou seja, de pobreza e desnutrição, além do que a unificação, segundo os seus defensores, representa a economia de mais de 500 milhões de reais anuais, despendidos na manutenção de pessoal envolvido no gerenciamento dos programas que existiam de forma independente e de outras despesas a eles vinculados.

O Bolsa-Família repassa de 50 a 95 reais às famílias com renda *per capita* de até 50 reais. Já as famílias com renda *per capita* de até 90 reais recebem de 15 a 45 reais. Segundo os seus executores, a variação do valor decorre, entre outros fatores, da quantidade de filhos da família beneficiada.

O Bolsa-Família é fornecido durante o período de um ano, renovável por mais um. No final desse período, o programa espera que a família esteja capacitada a prover o próprio sustento pois, a exemplo da primeira fase ou da introdução do Cartão-Alimentação, a família se obriga a participar de projetos de capacitação profissional, de alfabetização de adultos, de hortas comunitárias e de outras iniciativas que visam possibilitar a emancipação financeira dos beneficiados. Além disso, para receber o Bolsa-Família, existe também o compromisso da família que os filhos frequentem a escola, que as crianças estejam com a carteira de vacinação em dia, e que os pais comprovem a frequência regular ao posto de saúde.

A meta do Projeto Fome Zero é audaciosa. Pretende atingir, em 5 anos, 11 milhões de famílias necessitadas. Em 2003, atingiu 3,6 milhões de famílias em mais de mil municípios do semiárido do Vale do Jequitinhonha, além de aldeias indígenas, remanescentes quilombolas e assentamentos rurais.

As ações emergenciais estão sendo implantadas. E, segundo o MESA, estão até mesmo superando as metas previstas. Já as ações estruturais são mais difíceis. É o caso da reforma agrária, que esbarra em interesses de grupos que historicamente nunca se mostraram permeáveis à mudança. Restam, entre outros grandes desafios, a geração de empregos e a mudança do modelo econômico perverso, responsável pela brutal exclusão social que ocorre no Brasil.

Somente o tempo poderá nos dar resposta sobre os resultados do Projeto Fome Zero. É muito precoce qualquer avaliação neste momento. Para maiores detalhes e acompanhamento do projeto, acesse o *site*: www.fomezero.gov.br.

Bibliografia

AMARAL, F. Pompêo do. *Discriminação e mistificação em alimentação: a FAO, a OMS etc. contra os povos subdesenvolvidos!* São Paulo, Alfa-Ômega, 1986. (Coleção Atualidade)

ANDRADE, Manuel Correia de. *Latifúndio e reforma agrária no Brasil.* São Paulo, Duas Cidades, 1980.

BARNET, Richard J. e MÜLLER, Ronald E. *Poder global.* Rio de Janeiro, Record, 1974.

BERTRAND, Jean-Pierre; LAURENT, Catherine e LECLERCQ. *O mundo da soja.* Hucitec/Editora da Universidade de São Paulo, 1987.

BUENO, Ricardo. *Por que faltam alimentos no Brasil?: Reforma agrária, já!* Petrópolis, Vozes, 1985.

BUARQUE, Cristóvão. *A segunda abolição, um manifesto: proposta para a erradicação da pobreza no Brasil.* São Paulo, Paz e Terra, 1999.

CAMPOS, André; POCHMANN, Marcio; AMORIM, Ricardo e SILVA, Ronnie (orgs.), *Atlas da exclusão social no Brasil, vol. 2: dinâmica e manifestação territorial.* São Paulo, Cortez, 2003.

CARVALHO, Alceu Vicente W. de. *A população brasileira: estudo e interpretação.* Conselho Nacional de Estatística (IBGE), 1960.

CASTRO, Anna Maria de (org.). *Fome, um tema proibido: últimos escritos de Josué de Castro.* Petrópolis, Vozes, 1983.

CASTRO, Josué de. *Geografia da fome.* Rio de Janeiro, Civilização brasileira, 2002.

__________. *Geopolítica da fome.* Rio de Janeiro, Civilização Brasileira, 6ª ed., 1961.

__________. *O livro negro da fome.* São Paulo, Brasiliense, 1960.

CERQUEIRA, Eli Diniz. *O que se deve ler em ciências sociais no Brasil?* São Paulo, Cortez, Anpocs, 1986.

CHOSSUDOVSKY, Michel. *A globalização da pobreza. São Paulo,* Moderna, 1999.

COMBLIN, Joseph. *A ideologia da segurança nacional: o poder militar na América Latina*, Rio de Janeiro, Civilização Brasileira, 1980.

CORRÊA, Gilberto Kobler. *Energia e fome*. São Paulo, Ática, 1987. (Série Princípios)

CUNILL, Pedro. *A América Andina*. São Paulo, Difusão Europeia do Livro, 1968. (Coleção Terras e Povos)

DIEGUES JÚNIOR, Manuel. *Etnias e culturas no Brasil*. Rio de Janeiro, Paralelo, INL, 1972.

DOWBOR, Ladislau. *A formação do Terceiro Mundo*. São Paulo, Brasiliense, 1981. (Tudo é História)

DUMONT, René e PAQUET, Charlotte. *Um mundo intolerável: o liberalismo em questão*. Rio de Janeiro, Revan, 1989.

__________. Instituto de Estudos Avançados da Universidade de São Paulo, v. 9, nº 24, maio/ago. 1995.

__________. Instituto de Estudos Avançados da Universidade de São Paulo, v. 9, nº 25, set./dez. 1995.

ESTUDOS AVANÇADOS. Instituto de Estudos Avançados da Universidade de São Paulo, v. 17, nº 48, maio/ago. 2003.

FERNANDES, Bernardo Mançano. *MST: formação e territorialização em São Paulo*. São Paulo, Hucitec, 1996.

FONSECA SOBRINHO, Délcio da. *Estado e população: uma história do planejamento familiar no Brasil*. Rio de Janeiro, Rosa dos Tempos, Fnuap, 1993.

FURTADO, Celso. *Em busca de novo modelo: reflexões sobre a crise contemporânea*. São Paulo, Paz e Terra, 2002.

GALLO, Jorge Ivan Hübner. *O mito da explosão demográfica: o autocontrole natural das populações*. Rio de Janeiro, Paz e Terra, 1970.

GENTILI, Pablo (org.). *Globalização excludente: desigualdade, exclusão e democracia na nova ordem mundial*. Petrópolis, Vozes, 2000.

GEORGE, Susan. *O mercado da fome: as verdadeiras razões da fome no mundo*. Rio de Janeiro, Paz e Terra, 1978.

GOHN, Maria da Glória Marcondes. *Os sem-terras, ONGs e cidadania: a sociedade civil brasileira na era da globalização*. São Paulo, Cortez, 1997.

GRAZIANO NETO, Francisco. *Qual reforma agrária? Terra, pobreza e cidadania*. São Paulo, Geração Editorial, 1996.

__________. *Questão agrária e ecologia: crítica da moderna agricultura*. São Paulo, Brasiliense, 1986.

HARDIN, Garrett (org.). *População, evolução e controle da natalidade*. São Paulo, Nacional, 1967.

HENRIQUES, Ricardo (org.). *Desigualdade e pobreza no Brasil*. Rio de Janeiro, IPEA, 2000.

HUGON, Paul. *Demografia brasileira: ensaio de demoeconomia brasileira*. São Paulo, Atlas, Ed. da Universidade de São Paulo, 1973.

KLOETZEL, Kurt. *A questão do controle da natalidade*. São Paulo, Brasiliense, 1985.

LIMA SOBRINHO, Antônio Estevam de. *Fome, agricultura e política no Brasil: a chantagem alimentar*. Petrópolis, Vozes, 1981.

LUTZENBERGER, José. *Ecologia: do jardim ao poder*. Porto Alegre, L&PM, 1985.

__________. *Fim do futuro? Manifesto ecológico brasileiro*. Porto Alegre, Movimento, Universidade Federal do Rio Grande do Sul, 1980.

MADELEY, John. *O comércio da fome*. Petrópolis, Vozes, 2003.

MEDEIROS, Leonilde Servolo de. *Reforma agrária no Brasil: história e atividade da luta pela terra*. São Paulo, Fundação Perseu Abramo, 2003.

MELO, Fernando Homem de. *O problema alimentar no Brasil: a importância dos desequilíbrios tecnológicos*. Rio de Janeiro, Paz e Terra, 1983.

MINAYO, Maria Cecília de Souza (org.). *Raízes da fome*. Petrópolis, Vozes, FASE, 1985.

MIRANDA NETO, Manoel José de. *Dominação pela fome: economia política do abastecimento*. Rio de Janeiro, Forense Universitária, 1988.

MONTEIRO, Carlos Augusto (org.). *Velhos e novos males da saúde no Brasil: a evolução do país e de suas doenças*. São Paulo, Hucitec, Nupens/USP, 1995.

MÜLLER, Geraldo. *Complexo agroindustrial e modernização agrária,* São Paulo, Hucitec, EDUC, 1989. (Estudos Rurais)

OLIVEIRA, Ariovaldo Umbelino de. "A longa marcha do campesinato brasileiro: movimentos sociais, conflitos e reforma agrária", in *Revista de Estudos Avançados*, v. 15, nº 43, Instituto de Estudos Avançados da Universidade de São Paulo, dez. 2001.

PACHECO, Mário Victor de Assis. *Neocoloniallsmo e controle da natalidade.* Rio de Janeiro, Civilização Brasileira, 1968.

PANIKKAR, K. M. *A dominação ocidental na Ásia: do século XV aos nossos dias.* Rio de Janeiro, Saga, 1965.

PAULA, Sergio Góes de. *Morrendo à toa: causas da mortalidade no Brasil.* São Paulo, Ática, 1991.

PEIXOTO, João Baptista. *O grande desafio da explosão demográfica.* Rio de Janeiro, Biblioteca do Exército, 1978.

PELIANO. Anna Maria. "O mapa da fome: indicadores sobre a indigência no Brasil (classificação absoluta e relativa por municípios)", *Documento de política*, nº 17, Brasília, IPEA, 1993.

____________. (coord.). "O mapa da fome: subsídios à formulação de uma política de segurança alimentar", *Documento de política*, nº 14, Brasília, IPEA, 1993.

____________. (coord.) *Plano de combate à fome e à miséria: princípios, prioridades e mapas das ações do governo*. Brasília, IPEA, 1993.

POCHMANN, Marcio e AMORIM, Ricardo (orgs.). *Atlas da exclusão social no Brasil.* São Paulo, Cortez, 2003.

RAMOS, Pedro e REYDON, Bastiaan Philip (orgs.). *Agropecuária e agroindústria no Brasil: ajuste, situação atual e perspectivas.* Campinas, ABRA, 1995.

RATTNER, Henrique. "Globalização: em direção a um mundo só?" In *Revista de Estudos Avançados* 25, set./dez. 1995, Instituto de Estudos Avançados da Universidade de São Paulo.

RICUPERO, Rubens. *A Alca.* Publifolha, 2003. (*Folha* Explica)

ROCHA, Sônia. *Pobreza no Brasil: afinal de que se trata?* Rio de Janeiro, Editora FGV, 2003.

SANTOS, Manoel José dos. "Projeto alternativo do desenvolvimento rural sustentável", in *Revista de Estudos Avançados*, vol. 15, nº 43, set./dez. 2001, Instituto de Estudos Avançados da Universidade de São Paulo.

SILVA, José F. Graziano da (coord.). *Estrutura agrária e produção de subsistência na agricultura brasileira*. São Paulo, Hucitec, 1978.(Estudos Rurais)

SINGER, Paul Israel. *Dinâmica populacional e desenvolvimento: o papel do crescimento populacional no desenvolvimento econômico. São Paulo,* Edições Cebrap, 1970.

SOARES, Laura Tavares. *O desastre social*. Rio de Janeiro, Record, 2003.

STÉDILE, João Pedro. *A questão agrária no Brasil*. São Paulo, Atual, 1997.

STÉDILE, João Pedro e FERNANDES, Bernardo Maçano. *Brava gente: a trajetória do MST e a luta pela terra no Brasil*. São Paulo, Fundação Perseu Abramo, 2001.

SZMRECSÁNYL, Tamás. *Pequena história da agricultura no Brasil*. São Paulo, Contexto, 1990.

TAKAGI, Maya; SILVA, José Graziano da e BELIK, Walter (orgs). *Combate à fome e à pobreza rural*. São Paulo, Instituto Cidadania, 2002.

TELAROLLI JUNIOR, Rodolpho. *Mortalidade infantil: uma questão de saúde pública*. São Paulo, Moderna, 1997. (Coleção Polêmica)

TOSCANI, Oliviero. *A publicidade é um cadáver que nos sorri*. Rio de Janeiro, Ediouro, 1996.

VALENTE, Flávio Luiz Schieck (org.). *Direito humano à alimentação: desafios e conquistas*. São Paulo, Cortez, 2002.

VEIGA, José Eli da. *A face rural do desenvolvimento: natureza, território e agricultura*. Porto Alegre, Ed. Universidade/UFRGS, 2000.

VELLOSO, João Paulo dos Reis; ALBUQUERQUE, Roberto Cavalcanti de (org). *A nova geografia da fome e da pobreza*. Rio de Janeiro, José Olympio, 2004.

WILKISON, John. *O futuro do sistema alimentar*. São Paulo, Hucitec, 1989. (Estudos Rurais)

Outras publicações

Anuário estatístico do Brasil 2001. Rio de Janeiro, IBGE, 2003.

Enciclopédia do mundo contemporâneo. São Paulo, Publifolha, Rio de Janeiro, Terceiro Milênio, 1999.

Enciclopédia do mundo contemporâneo. São Paulo, Publifolha, Rio de Janeiro, Terceiro Milênio, *2002*.

Estatísticas cadastrais, 1998. Brasília, Incra, 1999.

IBASE. *Saúde e trabalho no Brasil*, Petrópolis, Vozes, 1982.

Images économiques du monde 2001. Paris, Sedes, 2000.

L'état du monde 2003: annuaire économique et géopolitique mondial. Paris, La Découverte, 2002.

Pesquisa nacional por amostra de domicílios: síntese de indicadores 2001. IBGE, Depto. de Emprego e Rendimento, Rio de Janeiro, IBGE, 2002.

Projeto Fome Zero: uma proposta de política alimentar para o Brasil. São Paulo, Instituto Cidadania/Fundação Djalma Guimarães, 2001.

Relatório do desenvolvimento humano 2000. Lisboa, PNUD/Trinova, 2000.

Relatório sobre o desenvolvimento humano no Brasil 1996. Rio de Janeiro, IPEA, Brasília, IPNUD, 1996.s

A segurança alimentar e nutricional e o direito humano à alimentação no Brasil. Brasília, IPEA/ SEDH/ MRE, 2002.

Síntese de indicadores sociais 2000. Rio de Janeiro, IBGE, 2001.